Margrit Dietze

Krabbelkinder lieben Rituale

Hilfreiche Struktur und Orientierung im U3-Alltag durch Rituale, Lieder und Verse

Illustrationen von Annie Meussen

Ökotopia Verlag, Münster

Impressum

Autorin	Margrit Dietze, Bielefeld
Lektorin	text.[Marke] Katja Müllenmeister, Hamburg
Covergestaltung	PERCEPTO mediengestaltung
Illustratorin	Annie Meussen, AJ Herpen (NL)
Satz	Hain-Team (www.hain-team.de)
ISBN	978-3-86702-300-9

1. Auflage
© 2014 Ökotopia Verlag, Münster

Bleiben Sie in Kontakt

www.oekotopia-verlag.de

Inhalt

Warum Rituale mit Kleinkindern? .. 4

**Rituale der Eingewöhnung
und des Abschiednehmens** 8
Eingewöhnung der Kinder 8
Ein Fest für Eltern
    zur Eingewöhnung................. 10
Abschied von der Gruppe............. 13

Rituale für einen festen Tagesablauf 16
Begrüßung 16
Morgenkreis 20
Mahlzeiten 24
Schlafenszeit 29
Tagesabschluss 32

Rituale für die liebevolle Körperpflege 35
Wickelzeit........................ 35
Waschen und Zähneputzen 39
Anziehen 41

**Rituale für ein gutes Miteinander
in der Gruppe** 44
Wir gehören zusammen 44
Gemeinsames Aufräumen.............. 47
Streiten und Versöhnen 51
Trösten 52
Gemeinsam unterwegs 54

Rituale für besondere Gelegenheiten 56
Geburtstage 56
Ein Geschwisterchen 67
Gruppenfeste und -aktionen
    mit Familie 69

Rituale zu Entwicklungsschritten .. 72
Ein neuer Zahn..................... 72
Erste Worte und erste Schritte 75
Schnuller- und windelfrei 79

Rituale im Jahreskreis 81
Frühling 81
Sommer 88
Herbst............................. 92
Winter 95
Wetter............................. 99

Rituale zu den Feiertagen 110
Ostern............................. 110
Sankt Martin 116
Advent 119
Nikolaus 123
Vorweihnachtszeit.................. 126

Rituale für die Elternarbeit........ 129
Erst- und Anmeldegespräche 129
Zusammenarbeit mit den Eltern 130
Entwicklungserinnerungen............ 134

Anhang 136
Register........................... 136
Literatur 139
Die Autorin 139
Die Illustratorin 140
Der Musiker 140
Impressum und Trackliste der Begleit-CD . 144

Begleit-CD

Warum Rituale mit Kleinkindern?

Liebe Leserinnen und Leser,
vielleicht kennen Sie das: Nur aus einer bestimmten Tasse schmeckt Ihnen der Kaffee richtig gut, eine bestimmte Musik am Morgen gibt Ihnen den richtigen Schwung für den Tag, Ihr Lieblingsplatz im Café ist frei und Sie sind glücklich? Sicher erinnern Sie sich noch mit einem angenehmen Gefühl an so manches Ritual Ihrer Kinderzeit, wie z. B. die Geschichte vorm Einschlafen, die Marmelade, die es nur bei Oma gab, das Glöckchen, das erklang, bevor man in das weihnachtlich geschmückte Zimmer durfte.

Wir brauchen Rituale, wiederkehrende Abläufe, um uns wohlzufühlen.
Rituale, die bewusst in den Alltag integriert werden, helfen, Herausforderungen zu meistern. Etwas regelmäßig Wiederkehrendes reduziert Ängste und sorgt für Geborgenheit und Vertrautheit.
Gerade für Kleinstkinder ist es wichtig, dass Regelmäßigkeiten ihnen Halt und Struktur im aufregenden Leben geben. Jeden Tag müssen sie neue Erlebnisse verarbeiten und Herausforderungen meistern.

Feste Rituale helfen auch, Selbstständigkeit und Selbstbewusstsein zu entwickeln. Ein strukturierter Ablauf ist außerdem eine große Hilfe, um eine Gruppe von Kleinstkindern liebevoll durch den Tag zu begleiten. Besonders Kinder in den ersten drei Lebensjahren benötigen konstante Abläufe, da für sie vieles neu und aufregend ist; sie sind reizoffen und suchen in ihren Entdeckungen nach Ordnung.

Gerade Kleinstkinder fordern gewohnte Abläufe immer wieder ein. Sie haben eine besondere Freude an Wiederholungen.

Sicher kennen Sie viele Situationen, in denen das Kind zum wiederholten Male dasselbe Fingerspiel oder dasselbe Bilderbuch usw. möchte. Auch, wenn das für Erwachsene manchmal anstrengend ist: Für Kinder sind diese Rituale wichtig.

Besonders in der Eingewöhnungszeit in eine Kindergruppe, Kita, die Tagespflege u. Ä. ist es wichtig, dem Kind feste Strukturen zu bieten.
Ein Beispiel dazu: Max, 18 Monate alt, kommt seit über einem Jahr täglich in unsere U-3-Gruppe. Von Anfang an hat ihn ein Bauernhofbuch begeistert. In der Eingewöhnungszeit war er mit diesem Buch gut von Trennungsängsten abzulenken. Seither möchte er jeden Morgen, wenn er in die Gruppe kommt, zuerst für ein paar Minuten dieses Buch anschauen. Danach geht er zuversichtlich in den Tag.

Kinder machen sich von klein auf ihre eigenen Rituale. So drücken manche Säuglinge ein Kuscheltuch an sich und benötigen dieses Tuch auch später weiter zum Schlafen. Andere schlafen als Baby nur mit einer bestimmten Melodie gut ein und diese Melodie begleitet sie auch noch als Kleinkind. Sie bevorzugen eine bestimmte Rassel, wiederholen ein bestimmtes Klopfspiel immer wieder usw.

Auch in der Krippe finden Kinder ihre eigenen Rituale, z. B. beim Verabschieden der Eltern. Beispiel: Nadine, zwei Jahre alt, bleibt jeden Morgen noch kurz auf Mamas Arm, kuschelt etwas, sagt dann „Tschüss!", klettert vom Arm herunter, öffnet die Gruppentür und schubst ihre Mama hinaus. Dann wendet sie sich fröhlich den Kindern zu.

Es ist wichtig, den Kindern ihre eigenen Rituale zum Verabschieden, zum Schlafen usw. zu lassen. Gerade in diesen sensiblen Situationen geben sie Sicherheit.

Darüber hinaus ist es erforderlich, dass die BetreuerInnen den Alltag für die Kinder durch Rituale übersichtlich und verlässlich gestalten.
Innerhalb des Tagesablaufes spielen Rituale eine große Rolle. Sie sorgen dafür, dass wichtige Situationen in Worten oder Handlungen nach einem wiederkehrenden Schema erfolgen: die Begrüßung, der Morgenkreis, das Wickeln, die Mahlzeiten, das Aufräumen, das Schlafen und so weiter.

So entsteht aus dem gemeinsamen Alltag eine eigene „Gruppenkultur", die das Miteinander und die Zusammengehörigkeit für die Kinder erlebbar und fühlbar macht.

Warum Lieder so wichtig sind

Zu jedem Thema finden Sie in diesem Buch passende Lieder, denn Singen macht glücklich, das sagt auch die Gehirnforschung. Singen setzt im Gehirn einen wirkungsvollen Neurotransmitter frei. Neben Glücksbotenstoffen werden zusätzlich noch Oxytocin und Melatonin ausgeschüttet. Oxytocin ist unter anderem für Bindung sowie tiefe Gefühle der Liebe und Treue zuständig, Melatonin regelt den gesunden Schlaf-Wach-Rhythmus.

Musik spricht den ganzen Menschen an, weil nicht nur Worte, sondern Töne, Melodien, Rhythmus eine Rolle spielen! Musik richtet sich nicht zuerst an den Verstand, sondern spricht das Herz an, das Gefühl.

Singen fördert die Sprachentwicklung und die Intelligenz. Die linke und rechte Gehirnhälfte werden gleichzeitig angesprochen und schaffen Verbindungen zwischen sich. Es bilden sich Synapsen in der Großhirnrinde und das Gehirn wird leistungsstärker.

Durch das Musizieren lernen Kinder, auf vieles gleichzeitig zu achten.
Sie singen den Text, hören auf die anderen Kinder und/oder Instrumente und machen Bewegungen dazu. Sie üben Konzentration, lernen genau zuzuhören und wahrzunehmen.

Durch das gemeinsame Singen begeben sich Erwachsene gefühlvoll auf die altersentsprechende Ebene von Kindern. Dies wirkt sich sehr positiv auf die emotionale Bindung zwischen Eltern, ErzieherInnen und Kind aus.
Beim gemeinsamen Singen entsteht ein „Wir-Gefühl". Musik stärkt das Zusammengehörigkeitsgefühl der Gruppe.
Auch bei Liedern sind für die Kinder Wiederholungen sehr wichtig, damit sich die Melodie und der Liedtext einprägen und im Gedächtnis der Kinder bleiben.

Wenn Lieder immer wieder vorkommen, geben sie Kindern Halt und Geborgenheit. Mit etwa 6 Monaten beginnen Babys bereits, Musik und Gesang in Bewegung umzusetzen. Sie nicken mit dem Kopf, wippen mit den Füßen, schaukeln mit dem ganzen Körper.

Im Alter von zwei bis drei Jahren können Kinder Lieder teilweise nachsingen. In dieser Zeit stellen Kinder eigene Potpourris aus Liedteilen, die sie kennen, zusammen, singen vor sich hin, summen und trällern. Sie lieben es, Liedpassagen ständig zu wiederholen.
Weil Lieder eine so wichtige Rolle spielen, sind sie eine fantastische Möglichkeit, Rituale zu bilden oder zu unterstützen.
Kinder im Krippenalter lieben Bewegungslieder. Deshalb gibt es zu vielen Liedern in diesem Buch Bewegungsanregungen.

Für die Entwicklung der Kinder ist es wichtig, dass Erwachsene mit ihnen singen. Sie sollten deshalb die Lieder aus diesem Buch mit den Kindern singen und dies nicht nur dem CD-Player überlassen. Durch ihr aktives Mitwirken werden Sie durch die Musik und die Bewegungen den Kindern viele Anregungen geben.

Gemeinsam mit den Eltern

Wenn ein Baby, ein einjähriges oder auch ein zweijähriges Kind in eine Kindertageseinrichtung aufgenommen wird, so ist dies oft die erste längerfristige und regelmäßige Trennung von Eltern und Kind. Die Trennung fällt schwer. Deshalb sollte der Übergang von der Familie zur Kindertageseinrichtung sorgsam vorbereitet und behutsam durchgeführt werden.

Wichtig in der Zusammenarbeit mit den Eltern ist Transparenz. Zeigen Sie den Eltern, dass Sie kompetent sind, dass Sie gute Arbeit leisten. Sprechen Sie darüber, erstellen Sie Wochenrückblicke usw.
Transportieren Sie auch die Rituale. Übernehmen Sie, wo es möglich ist, Rituale aus dem Elternhaus, um dem Kind den Start in die Einrich-

tung zu erleichtern. Aber teilen Sie den Eltern auch mit, welche Rituale bei Ihnen den Tag begleiten. Oft fordern Kinder zu Hause Rituale aus der Krippe ein und es ist für die Eltern eine große Hilfe, wenn sie verstehen, was das Kind möchte. Es kann deshalb u. a. auch hilfreich sein, wenn Sie den Eltern vorschlagen, das Buch mit CD zu kaufen, um die Lieder auch zu Hause singen zu können.

Hinweise zum Buch

Zielgruppe: Dieses Buch richtet sich an ErzieherInnen in Kindereinrichtungen, an MitarbeiterInnen in Krabbelgruppen, Mutter-Kind-Kreise u. Ä. Aber auch Eltern finden viele Ideen, die sich in der Familie umsetzen lassen.

Altersangaben und Kinderanzahl: Das Buch verzichtet weitestgehend auf Altersangaben, weil Kinder unter drei Jahren sehr unterschiedlich in ihrer Entwicklung sind. Es ist sinnvoll, selbst abzuwägen, welche Rituale für welche Kinder geeignet sind. Auch die Kleinsten genießen es bei manchen Ritualen einfach nur dabei zu sein, ohne sich selbst aktiv zu beteiligen. Auch die Anzahl der zu beteiligenden Kinder ist von Gruppe zu Gruppe unterschiedlich und wird deshalb nicht vorgegeben. Wägen Sie selbst ab, was für die Kinder sinnvoll ist. Manches lässt sich bei Kindern unter drei Jahren in einer kleinen Gruppe von 1 bis 3 Kindern besser umsetzen, manche Rituale können mit mehr Kindern oder der ganzen Gruppe durchgeführt werden.

Allgemeines zum Buch: Dieses Buch gibt Anregungen für Rituale im Tagesablauf, für die Gestaltung besonderer Tage und Ideen für Rituale und Feste im Jahreskreis. Dabei ist es nicht im Sinne des Buches, so viele Rituale wie nur möglich in den Tag zu packen, sondern auch hier gilt: „Weniger ist mehr!" Wählen Sie gezielt die für Ihre Kinder, Ihre Gruppe passenden Rituale aus. Wenn Sie merken, dass etwas bei Ihren Kindern nicht ankommt, dann versuchen sie es mit einer Alternative.

Die Vorschläge in diesem Buch sind in meiner praktischen Arbeit mit Kindern unter drei Jahren entstanden.

Ich wünsche mir, dass Ihnen das Buch viele gute Anregungen gibt und Sie mit den Kindern gemeinsam entdecken, welch ein Schatz Rituale sind.

Ihre Margit Dietze

Rituale der Eingewöhnung und des Abschiednehmens

Die Zeit der Eingewöhnung bei der Tagesmutter oder in der Krippe ist für Eltern und Kinder gleichermaßen aufregend, da sie sich erstmalig voneinander lösen und nicht mehr die gesamte Zeit miteinander verbringen.

Rituale helfen dem Kind und den Eltern dabei, die Eingewöhnung als Brücke in einen neuen Lebensabschnitt und nicht als einen Bruch zu erleben.

Auch der Abschied von der Tagesmutter, einer Gruppe oder einer Einrichtung stellt ein einschneidendes Erlebnis für Kinder und Eltern dar und kann durch Abschiedsrituale unterstützt werden.

Eingewöhnung der Kinder

Ein Kind, das neu in die Kinderkrippe oder zu einer Tagesmutter kommt, hat viele Herausforderungen zu meistern. Das Kind trifft auf eine völlig neue Umgebung. Die Räumlichkeiten sind fremd, die ErzieherInnen/Tagesmütter und -väter, die anderen Kinder, neue Tagesabläufe – an alles muss ein Kind sich erst einmal gewöhnen.

Schritt für Schritt werden die Kinder daran gewöhnt, ohne Elternteil in der Gruppe zu bleiben. Für das Kind beginnt die Eingewöhnung am besten, wenn es in den ersten Tagen immer zur annähernd gleichen Zeit in der Krippe/bei der Tagesmutter oder dem Tagesvater ankommt. So erlebt es, wenn es kommt, immer eine ähnliche Situation. Die größte Sicherheit ist zu Beginn natürlich die Anwesenheit eines Elternteils, von dem sich das Kind während der Eingewöhnungsphase immer weiter lösen soll.

Nicht ohne meinen Teddy

Um die Eingewöhnung in der Krippe oder bei der Tagesmutter/den Tagesvater gut zu meistern, helfen Dinge, die dem Kind vertraut sind, wie Kuscheltiere oder Stofftuch.

Material: Kuscheltier, Schnuffeltuch o. Ä.

Die Eltern und das Kleinkind packen gemeinsam eine Tasche für die Krippe oder die Tagesmutter/den Tagesvater. In die Tasche kommt z. B. der Lieblingsteddy oder das Schnuffeltuch. Das gemeinsame Packen – je nach Alter zeigen die Eltern dem Kind, was eingepackt wird, oder das Kind packt seine Tasche selbst – weckt die Vorfreude auf das Kommende.

Die Eltern lassen das Kuscheltier o. Ä. dann in der Einrichtung vorsichtig aus der Tasche herausschauen und gemeinsam mit dem Kind die neue Umgebung entdecken. So hat es einen Verbündeten, um sich nicht ganz so fremd zu fühlen. Im Gegensatz zu den Eltern, die irgendwann aus der Gruppe gehen, bleibt dieser Verbündete weiter in der Krippe.

Später übernimmt die Spielleitung die Aufgabe, gemeinsam mit dem Kind und dem Kuscheltier o. Ä. die Umgebung zu erkunden, um damit eine Ablösung von den Eltern und den Beziehungsaufbau zu sich zu unterstützen. Gemeinsam mit dem kleinen Helfer aus der Tasche wird nun mit dem Kind immer mehr die neue Umgebung erforscht und der Entdeckungsradius erweitert, Kontakt zu den anderen Kindern und Erwachsenen aufgenommen usw. Das Kuscheltier erklärt dem Kind die neue Umgebung.

Beispiel:
Spielleitung: *„Oh, was ist das denn da? Schau mal, hier sind ja ganz viele Bausteine drin."* Das Kind geht gemeinsam mit dem Kuscheltier auf Entdeckungsreise. Dabei das Kuscheltier auf Fragen antworten lassen. Spielleitung: *„Hallo, Teddy, was ist das denn?"* Teddy: *„Ein Ball!"* Spielleitung: *„Ja, richtig, Teddy, das ist ein Ball. Sollen wir den mal zu Julian kullern?"*

Wenn ein Kind kein eigenes Tuch, Tier o. Ä. mitbringt, kann ihm auch ein Tuch, Tier o. Ä. aus der Gruppe zur Verfügung gestellt werden. Es hat während der Eingewöhnung keine anderen Funktionen.

Familienfoto gegen Heimweh

Material: Familienfoto, Tonkarton, Fotoecken; evtl. Drucker, Fotoalbum

Jede Familie bringt ein Familienfoto mit, das am Garderobenplatz oder im Gruppenraum aufgehängt wird. So kann die Spielleitung bei Bedarf mit dem Kind immer wieder das Foto betrachten und mit ihm darüber sprechen, dass es wieder abgeholt wird. Außerdem lernen die anderen Kinder in der Gruppe die Familie des neuen Kindes besser kennen.

Variante „Gruppenfotoalbum"

Die Spielleitung fotografiert jedes Kind und jeden Erwachsenen der Gruppe, druckt die Fotos aus und gestaltet damit ein Gruppenfotoalbum. Dieses wird immer wieder mit den Kindern betrachtet.

Mamas Tuch

Viele Kinder lösen sich während der Eingewöhnung zum ersten Mal von ihren wichtigsten Bezugspersonen und lernen durch diese neue Erfahrung, dass sie nicht allein gelassen werden, sondern dass die Eltern wieder zurückkommen.

Material: Gegenstand von einem Elternteil (Tuch, Kettchen, Tasche, Uhr o. Ä.)

Die Eltern lassen einen Gegenstand von sich beim Kind in der Einrichtung, z. B. Tuch, Kettchen, Tasche, Uhr o. Ä. Dieser Gegenstand signalisiert dem Kind, dass die Mutter oder der Vater wiederkommen, um ihr/sein Eigentum zusammen mit dem Kind abzuholen. Auch der vertraute Geruch an den Gegenständen ist eine Hilfe für das Kind.

Ein Fest für Eltern zur Eingewöhnung

Nicht nur die Kinder müssen sich an ihren neuen Tagesablauf und das Getrenntsein von den Eltern gewöhnen, auch die Eltern sind durch die erste Trennung von ihren Kindern verunsichert und müssen daher von den Betreuungspersonen in ihrer Situation abgeholt werden. Rituale helfen dabei, den Eltern das Abgeben ihrer Kinder bei der Tagesmutter oder in der Krippe zu erleichtern. Im Vordergrund steht dabei das Kennenlernen der Einrichtung, der MitarbeiterInnen und der Gruppe. Ein gutes Ritual ist es, jährlich nach der Eingewöhnung der neuen Kinder ein Begrüßungsfest zu feiern. Dabei lernen sich alle besser kennen: Kinder, Eltern und BetreuerInnen.

Familienschildchen basteln

Damit alle beim Begrüßungsfest auf einen Blick erkennen, wer zu welchem Kind gehört, können mit einfachen Mitteln Familienschildchen gebastelt werden.

Material: Fotos der Kinder in Anzahl der Angehörigen, die zum Fest kommen, Malerkrepp, Stifte

Für das Begrüßungsfest bastelt die Spielleitung Familienschildchen, die sich die Familien am Tag des Festes an die Kleidung pinnen können.

Die Spielleitung kopiert dafür von jedem Gruppenkind ein Foto so viel Mal, wie Angehörige zum Fest erwartet werden, und schneidet die Fotos passend zu. Das einzelne Foto sollte nicht größer als ein Passbild sein.

Jeder Gast schreibt am Eingang auf ein Stück Malerkrepp den Namen des Kindes auf und in welchem Bezug er zu dem Kind steht. Beispiele: Julians Mama, Luises Bruder Paul.

Mit dem beschrifteten Kreppstreifen befestigt jeder das Foto an seiner Kleidung.

Nun können die Besucher sehen, wer alles zu welchem Kind gehört und in welcher Beziehung er oder sie zu ihm steht.

Alternativ werden entsprechende Schildchen zum Befestigen an der Kleidung o. Ä. erstellt.

Kennenlernen über drei Ecken

Erfahrungsgemäß mögen die meisten Eltern keine Kennenlernrunden, bei denen alle im Kreis sitzen und von sich erzählen. Außerdem sind Gesprächsrunden mit vielen Kleinstkindern auf dem Arm, Schoß oder Fußboden nicht besonders gut geeignet, um sich etwas kennen zu lernen. Besser ist es, dies spielerisch mit Bewegungen zu tun.

Material: Karton A3, Kataloge zum Ausschneiden von Motiven; evtl. CD-Player, Musik

Die Spielleitung bastelt vorab drei Plakate mit je einem Motiv, das die Kinder gut kennen (Beispiel: Teddy, Auto, Hund). Die Plakate werden in drei auseinanderliegenden Ecken im Raum oder an Bäumen im Freigelände aufgehängt.

Alle Familien stellen sich in die Mitte zwischen die drei Ecken. Die Spielleitung teilt den Eltern jeweils mit, welches Motiv für welche Antwort steht, und stellt ihnen Fragen, die sie durch das Gehen zu einem Plakat beantworten.

Beispiele:
- *Wie lange ist ihr Kind schon in unserer Gruppe?* Teddy: weniger als 6 Monate, Auto: 6 Monate bis 1 Jahr, Hund: länger als 1 Jahr.
- *Hat das Kind Geschwister?* Teddy: nein, Auto: eine Schwester oder einen Bruder, Hund: mehrere Geschwister usw.

Durch dieses Spiel lernen die Eltern sehr schnell etwas übereinander, ohne jeden persönlich befragen zu müssen.
Die Kinder haben Freude daran, sich mit den Eltern zu dem entsprechenden Punkt zu bewegen, und sind dadurch in das Spiel integriert.

Variante „Stopp-Spiel"

Die Spielleitung spielt Musik ab. Die Familien bewegen sich dazu frei im Raum bzw. im Freigelände. Wenn die Musik stoppt, gibt es Aufgaben, um kleine Gruppen zu bilden.

Beispiele:
- Immer zwei Familien, die sich noch nicht kennen, bilden eine Gruppe.
- Immer drei Erwachsene und zwei Kinder stellen sich zusammen.
- Es werden Gruppen nach dem Alter der Kinder gebildet, also alle stellen sich zusammen, deren Kind unter einem Jahr ist, 1–2 Jahre alt ist usw. Dabei werden die entsprechenden Kinder mit in die Gruppe genommen.

Räume kennen lernen

Damit die Eltern die Räume und das Gelände besser kennen lernen, bieten sich Suchspiele an.

Material: Papier A4, bunte Stifte in Anzahl der Gruppen

Vorbereitung

Die Spielleitung erstellt Laufzettel mit passenden Fragen zur Einrichtung, die die BesucherInnen des Begrüßungsfestes gemeinsam beantworten müssen.

Beispiele:
- Wie viele Garderobenhaken gibt es für die Kinder unserer Gruppe im Flur?
- Welche Farben hat der Teppich im Schlafraum?
- Das Foto welchen Kindes hängt als Erstes rechts im Gruppenraum?
- Welcher Baum steht direkt neben dem Gartentor? usw.

Hinweis: Die Fragen für jede Gruppe in der Reihenfolge verändern, damit nicht alle zur gleichen Zeit zur selben Stelle laufen.

Spielanleitung

Am Tag des Begrüßungsfestes bilden die Erwachsenen und Kinder Gruppen von 4–8 Personen. Die Spielleitung drückt jeder Gruppe einen Laufzettel mit den Fragen in die Hand. Die Gruppen erkunden mithilfe der Fragen die Einrichtung und schreiben ihre Antworten auf den Zettel. Am Ende treffen sich alle wieder und besprechen ihre Lösungen.

Abschied von der Gruppe

So, wie die Eingewöhnung behutsam geschehen muss, ist auch der Abschied von der Tagesmutter, der Einrichtung und der Gruppe gut vorzubereiten. Krippenkinder wechseln zu den „Großen", Tagespflegekinder in eine Einrichtung und auch sonst kommt es vor, dass ein Kind die Gruppe verlassen muss wegen Umzugs oder aus anderen Gründen.
Die Ablösung wird mit Ritualen erleichtert, die die Vorfreude auf das Neue steigern. Erinnerungsrituale helfen, Vergangenes positiv in Gedanken zu behalten. Übergänge und Wendepunkte im Leben brauchen Rituale.

Vorfreude-Kalender

Material: Adventskalender (z. B. aus Säckchen oder mit Türen), Fotos und Gegenstände mit Bezug auf das Neue

Eine Art „Adventskalender" zeigt an, wie viele Tage das Kind bzw. die Kinder noch in der Gruppe bleiben und wann das Neue beginnt. Dazu wird ein Adventskalender o. Ä. abgewandelt. Die Spielleitung legt in jedes Säckchen oder hinter jede Kalendertür o. Ä. ein Symbol für das Neue.
Das können Fotos von Kindern und Erwachsenen, von Spielsachen usw. aus der neuen Gruppe, dem neuen Wohnort oder der neuen Kita sein. Kleine Gegenstände symbolisieren das Neue (Beispiele: Spiel-Lkw für bevorstehenden Umzug, zwei Playmobilfiguren symbolisieren neue Freunde usw.).
Jeden Tag öffnet die Spielleitung mit dem betroffenen Kind oder den betroffenen Kindern ein Säckchen oder eine Tür o. Ä. und spricht mit ihnen positiv über die Dinge, die darin sind. So steigert sie langsam die Vorfreude auf das Neue.

Vorfreudeweg

Material: braunes Krepppapier oder Stoff o. Ä., Bausteine oder Karton o. Ä., ggf. ein Foto der alten und neuen Gruppe, Tesafilm, Steine, Playmobilfiguren o. Ä., Tusche und Pinsel

Die Spielleitung legt auf einen Tisch, eine Kommode o. Ä. braunes Krepppapier, braunen Stoff o. Ä. als Weg aus. Auf einer Seite des Weges symbolisiert ein Haus aus Bausteinen, aus Karton o. Ä. die gegenwärtige Gruppe, auf der anderen Seite ein weiteres Haus die neue Gruppe. Wenn möglich, wird ein Foto der alten und der neuen Gruppe (Einrichtung) mit Tesafilm angebracht. Die Spielleitung sammelt mit den Kindern Steine in der Anzahl der Tage bis zum Abschied. Diese werden auf den Weg gelegt. Für jedes Kind, das die Gruppe verlässt, stellt die Spielleitung eine Playmobilfigur o. Ä. neben den ersten Stein.
Sie erklärt den Kindern den Vorfreudeweg und überlegt mit ihnen einen Grund, warum sie sich auf das Neue freuen können. Ein Kind darf den ersten Stein bemalen. Jeden Tag rücken die Figuren einen Stein weiter, wird über einen Grund der Vorfreude gesprochen und ein Stein bemalt. Am letzten Tag darf sich jedes Kind, einen Stein zum Mitnehmen aussuchen und ggf. einen Stein der Gruppe zur Erinnerung schenken.

Wechsel in eine andere Gruppe

Wenn ein Kind innerhalb einer Einrichtung die Gruppe wechselt, ist ein sanfter Übergang sehr gut zu gestalten.

Material: LED-Kerzen, Foto des Kindes

Das Kind besucht immer wieder für einige Zeit die neue Gruppe und gewöhnt sich dort ein. Eine Hilfe ist es, dabei einen Gegenstand, ein Spiel, ein Buch o. Ä. aus der alten Gruppe mit in die neue zu nehmen und etwas aus der neuen Gruppe in die alte Gruppe zu bringen. Das symbolisiert für das Kind, das alles zusammengehört: Vergangenheit, Gegenwart und Zukunft.

Weitere Rituale:
- Das Kind trägt eine brennende Kerze (aus Sicherheitsgründen LED-Kerze verwenden) von der alten Gruppe in die neue Gruppe.
- Das Kind hängt ein Foto von sich in der alten Gruppe ab und bringt es in der neuen Gruppe an.

Wechsel in eine andere Einrichtung

Material: ggf. kleines Geschenk von den Eltern, das auf den Wechsel vorbereitet

Ein kollegialer Austausch zwischen den BezugsbetreuerInnen des Kindes der alten und der neuen Einrichtung ist eine große Hilfe für das Kind. Wenn die Spielleitung das Einverständnis der Eltern erhält, können sich die alten und die neuen Betreuungspersonen über Vorlieben und Wünsche des Kindes, Abläufe und Rituale in beiden Gruppe austauschen, um so eine reibungslose Vorbereitung auf den Wechsel und Eingewöhnung in die neue Einrichtung zu gewährleisten.

Der Erhalt eines passenden neuen Gegenstandes, wie z. B. neue Hausschuhe, eine neue Kindergartentasche, kann eine zusätzliche Hilfe für das Kind sein, um zu begreifen, dass ein neuer Lebensabschnitt beginnt. Voller Stolz bringen sie die Dinge in die alte Gruppe mit und die Spielleitung unterstützt im Gespräch darüber die Vorfreude auf das Neue.

In Absprache mit der neuen Einrichtung kann das Kind auch während der Schnuppertage etwas mit in die neue Gruppe nehmen und von dort einen Gegenstand mit in die alte Gruppe bringen.

Erinnerungsgeschenk

Kleine Erinnerungsgeschenke helfen, den Abschied zu verschönern, und halten die Erinnerung an gemeinsame Erlebnisse wach. Neben dem Portfolio, Erinnerungsfotos u. Ä. sind Dinge, an denen die ganze Gruppe beteiligt war, besonders wertvoll als Geschenk.

Material: Papier A3 oder farblose Stofftasche, Fingerfarbe, Fotos aus der Einrichtung

Die ganze Gruppe gestaltet ein Poster oder eine Stofftasche o. Ä. mit den Handabdrücken aller Kinder. Alternativ kann auch eine Collage aus Werken aller Kinder oder ein Fotoposter mit Motiven aus der Gruppe erstellt werden.

Abschiedstag

Wenn der Abschiedstag gekommen ist, steht das Abschied nehmende Kind im Mittelpunkt. Es darf sich Spiele und Lieder wünschen. Vielleicht gibt es auch sein Lieblingsessen.

Material: ggf. Lieblingsessen des Kindes, Erinnerungsgeschenke, Laptop, Projektor, digitale Fotos des Kindes

Mögliche Verabschiedungsszenarien:
- Die Spielleitung und die ganze Gruppe verabschieden sich im Sitzkreis von dem Kind und überreichen Erinnerungsgeschenke.
- Gemeinsam mit der Spielleitung geht das Kind durch die Räume und sie erinnern sich zusammen an besonders schöne Erlebnisse, die mit bestimmten Stellen und Dingen im Raum verknüpft sind.
- Das Kind verabschiedet sich zusammen mit der Spielleitung von seinen Lieblingsspielsachen.
- Die Spielleitung zeigt eine kleine Fotopräsentation mit Fotos des Kindes vom Eintritt in die Einrichtung bis zum Abschied.
- Das Kind wird von jedem Erwachsenen und jedem Kind der Gruppe, das dies möchte, umarmt.

Wichtig: Vorab ist zu klären, ob das Abschied nehmende Kind dies auch mag.

Rituale für einen festen Tagesablauf

Feste Rituale, die über den Tageslauf verteilt sind, wie z. B. der Morgenkreis, das gemeinsame Frühstück und Mittagessen oder die Ruhephasen, geben den Kindern Sicherheit und bringen Struktur in den Tag. Das bringt Ruhe in die Gruppe und schafft Energie für den Tag.

Begrüßung

Begrüßungsrituale helfen dem Kind, in der Gruppe anzukommen und sich geborgen zu fühlen. Neben dieser wichtigen Funktion für die Kinder, können in dieser Zeit Eltern und BetreuerInnen wichtige Informationen austauschen, die für das Wohlbefinden der Kinder von Bedeutung sind. So können Eltern und Kinder beruhigt loslassen und sich angstfrei verabschieden.

Begrüßung des einzelnen Kindes

Es ist wichtig, dass das Kind beim Ankommen in der Einrichtung persönlich empfangen und begrüßt wird. Es fühlt sich wichtig und wahrgenommen und kann so eine Bindung zu den neuen Bezugspersonen aufbauen.

Material: evtl. Glöckchen oder Rassel, Spieluhr, Stempelkissen und Plakat, Begrüßungslicht (z. B. Lavalampe, Taschenlampe, elektrisches Teelicht)

Wenn irgendwie möglich, sollte das Kind in den ersten Tagen immer von derselben Betreuungsperson begrüßt und durch die Stunden in der Gruppe begleitet werden.
Die Begrüßung sollte immer gleich erfolgen: Das Kind beim Namen nennen und Freude über sein Kommen ausdrücken.
Nur, wenn es das Kind mag, wird es berührt (Hand reichen, am Arm streicheln u. Ä.).

Varianten
- Das Kind klingt vor dem Betreten des Gruppenraumes ein Glöckchen oder eine Rassel an.
- Die Spielleitung lässt eine Spieluhr für das Kind erklingen.
- Ein Kind drückt einen Finger in ein Stempelkissen und macht einen Fingerabdruck auf ein großes Plakat (Tapetenbahn o. Ä.) an der Tür.
- Für das Kind ein Begrüßungslicht anschalten:

Rituale für einen festen Tagesablauf

An- und Abwesenheitsleisten

Mithilfe von zwei verschiedenen Fotoleisten wird jedem Kind symbolisiert, welche Kinder anwesend sind und welche nicht. Außerdem wird es in der Gruppe willkommen geheißen und verabschiedet.

Material: Kamera, Drucker, Laminiergerät, Laminierfolie, Schere, Lochzange, Band, Hakenleisten (z. B. Küchenleisten, Handtuchleisten o. Ä.), Kopiervorlagen (→ S. 18)

Die Spielleitung fotografiert jedes Kind einmal von vorne beim Ankommen und einmal von hinten beim Gehen und druckt die Fotos aus. Sie laminiert die Fotos ein und schneidet daraus Kärtchen zu.
In die Kärtchen macht sie mit einer Lochzange ein Loch und bringt dort ein Band zum Aufhängen an.
Die Spielleitung kopiert die Vorlage und befestigt beide Bilder so nebeneinander an der Wand, dass jeweils die Leisten für die Fotokärtchen darunter angebracht werden. Auf jeder Seite sind so viele Haken vorhanden, wie Kinder zur Gruppe gehören.
Die Spielleitung hängt alle Fotokärtchen auf die Haken der Abwesenheitsleiste, über denen das jeweilige Kind von hinten beim Weggehen zu sehen ist.

Nach Betreten des Gruppenraumes am Morgen nimmt jedes Kind mithilfe der Spielleitung seine Fotokarte von der Abwesenheitsleiste und bringt sie zur anderen Anwesenheitsleiste, über der das Bild mit dem hereinkommenden Kind hängt. Damit wird für die Kinder symbolisch ihre Anwesenheit symbolisiert. Es kann an den Leisten zudem sehen, welche Kinder zur gleichen Zeit in der Gruppe sind und welche nicht. Im weiteren Tagesablauf spricht die Spielleitung mit den Kindern darüber, welche Kinder fehlen und warum. Vor dem Nach-Hause-Gehen nimmt jedes Kind sein Bild wieder von der Anwesenheitsleiste und hängt es auf die andere Abwesenheitsleiste, die ihm symbolisiert, dass es nun die Gruppe verlässt.

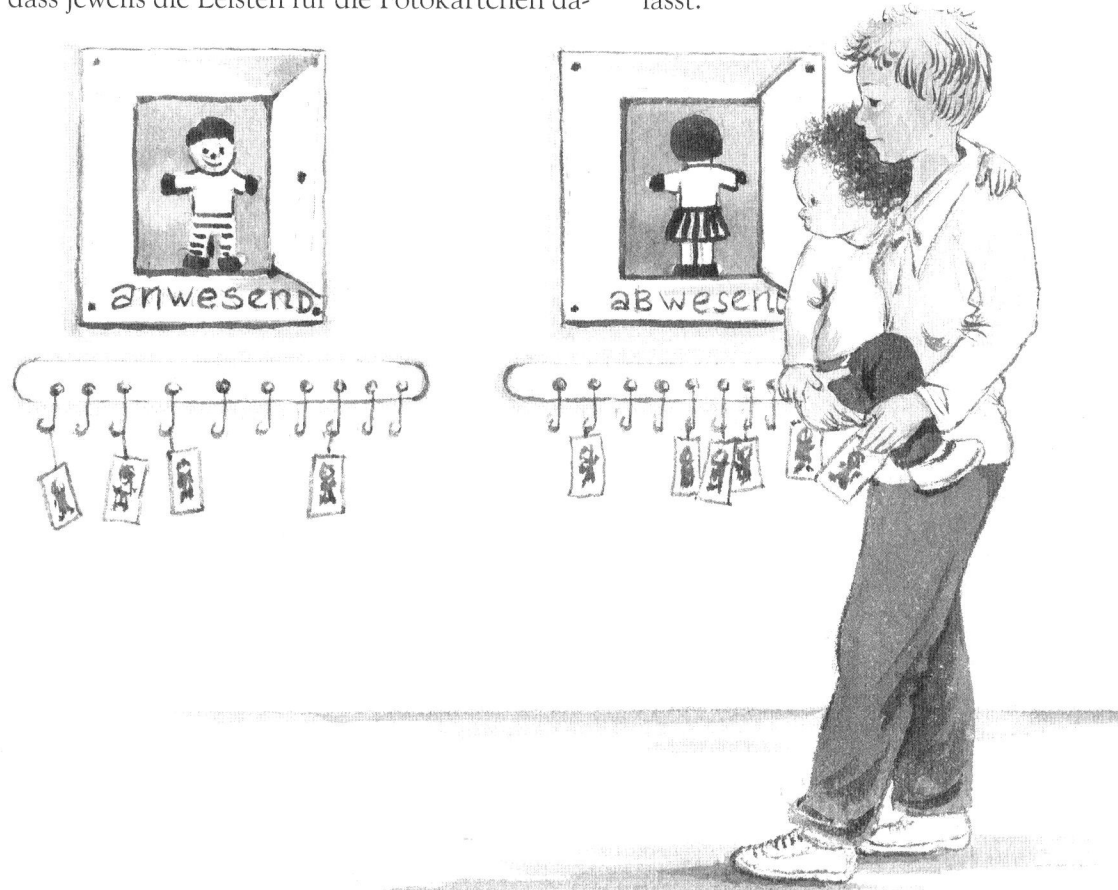

anwesend

abwesend

Begrüßungs-Spiegel

Kleinstkinder können sich selbst etwa mit 18 Monaten im Spiegel erkennen. Vorher sehen sie darin irgendein Kind und können noch keinen Bezug zu sich selbst herstellen. Trotzdem lieben es alle Kinder, in den Spiegel zu schauen.

Material: großer bruchfester Spiegel, ein Foto von jedem Kind, Kleber, Befestigungsmaterial

Die Spielleitung beklebt den Spiegelrand mit den Fotos der Kinder aus der Gruppe und hängt den Spiegel so im Raum auf, dass die Kinder sich ohne Hilfe darin sehen können. Kinder ab ca. 18 Monaten sehen nach der Begrüßung mit der Spielleitung in den Spiegel und suchen ihr Foto am Rand. Außerdem sehen sie die Fotos der anderen Kinder und lernen sie so besser kennen. Für die jüngeren Kinder ist es interessant, das „Kind im Spiegel" und die Fotos zu betrachten. Es ist eine gute Möglichkeit, sie vom eventuellen Abschiedskummer abzulenken.

Seht her, ich bin jetzt da!

Das Aufhängen des Fotos eines Kindes im Eingangsbereich hilft dem Kind anzukommen: Es sieht außerdem, welche Kinder schon anwesend sind, und lernt so die Gruppe besser kennen.

Material: Kamera, Wandteppich oder großes Plakat, Drucker, Fotopapier, Laminiergerät, Laminierfolie, Schere, zweiseitiges Klettband, Körbchen

Die Spielleitung hängt ein großes Plakat oder einen passenden Wandteppich gut sichtbar so auf, dass die Kinder sie gut sehen können. Sie fotografiert jedes Kind. Die Fotos werden ausgedruckt, laminiert und zugeschnitten. Auf der Rückseite jedes Fotos wird ein Stück Klettband angebracht. Auf das Plakat oder den Wandteppich werden, entsprechend der Kinderanzahl, Stücke des Gegen-Klettbandes angebracht. Die Fotos werden in ein Körbchen o. Ä. gelegt und in die Nähe des Plakates oder Wandteppichs gestellt, sodass die Eltern beim Betreten des Eingangsbereiches mit dem Kind dessen Foto aufhängen können.

Vor dem Nach-Hause-Gehen wird das Foto wieder abgenommen und damit der Abschied von der Gruppe erleichtert.

Abschiedsfenster

Material: Bänder, Pappkarton, Schere, Tesafilm, Körbchen, Feder, Fähnchen, Fächer, Rassel o. Ä.

Ein Abschiedsfenster wird gestaltet. Dazu ein Fenster wählen, durch das das Kind die Eltern beim Weggehen sehen kann. Das Fenster durch Dekoration zu etwas Besonderem machen (Beispiele: Bänder an den Griff binden, zwei Handabdrücke als winkende Hände auf die Scheibe kleben). In ein Körbchen Dinge legen, die zum Winken geeignet sind (Feder, Fähnchen, Fächer, Rassel o. Ä.). Das Körbchen auf der Fensterbank bereitstellen. Die Spielleitung geht mit dem Kind zum Fenster.

Dort darf sich das Kind einen Gegenstand zum Winken wählen. Das Kind winkt den Eltern mit dem Gegenstand zum Abschied zu. Dieser lenkt das Kind vom Abschiedskummer ab.

Variante ab 2 Jahren

Die älteren Kinder können die Eltern zur Tür begleiten, sich dort kurz von ihnen verabschieden und die Eltern zur Tür „hinausschubsen".

Morgenkreis

Der Morgenkreis gehört in fast jeder Kindereinrichtung zu den täglich wiederkehrenden Ritualen. Erwachsene und Kinder sitzen zusammen im Kreis, begrüßen sich, singen und spielen gemeinsam. Auch Babys liegen mit im Kreis und bekommen so die Atmosphäre mit. Sie wachsen in dieses Ritual hinein. Der Morgenkreis als fester Tagespunkt vermittelt den Kindern Sicherheit und stärkt das Zusammengehörigkeitsgefühl.

Für Kinder unter drei Jahren ist es wichtig, den Rahmen des Morgenkreises immer gleich zu gestalten. Kleinstkinder haben eine sehr kurze Konzentrationsspanne. Wenn der Morgenkreis abwechslungsreich und spannend gestaltet wird, bleiben auch die Jüngsten motiviert dabei. Der Morgenkreis wird deshalb in verschiedene kurze Einheiten gegliedert. Wir haben in unserer Gruppe die Erfahrung gemacht, dass dann auch die Jüngsten im Kreis bleiben. Viele Kinder lieben den Morgenkreis so sehr, dass sie auch am Wochenende ihre Eltern bitten, mit ihnen einen Morgenkreis zu machen.

Lieder sollten fester Bestandteil des Morgenkreises sein: Ein festes Begrüßungslied für die Gruppe gibt Sicherheit, schafft Vertrauen, Zusammenhalt und Erfolgserlebnisse. Einfache Textpassagen helfen den Kindern, die Lieder stückweise mitzusingen. Mit Rasseln können auch schon die Jüngsten Lieder begleiten.

Ablauf eines Morgenkreises

Material: Gong, Trommel oder Glöckchen, Sitzunterlagen (Bodenkissen, kleine Kissen, Teppichstücke, Badematten, Handtücher in verschiedenen Farben o. Ä.), Handpuppe, Kiste oder Korb, ggf. verschiedene Musikinstrumente, Spieluhr, Entspannungsmusik, Handfächer

Signal zu Beginn

Ein Signal zeigt den Kindern, dass nun der Morgenkreis startet. Es hilft ihnen, sich aus der Spielsituation, in der sie gerade sind, zu lösen und zum Kreis zu kommen.

Dafür bietet sich ein akustisches Signal an. Die Spielleitung lässt einen Gong, eine Trommel oder ein Glöckchen ertönen. Wichtig ist, dass es täglich das gleiche Signal ist. Dazu ruft sie den Kindern zu, dass der Morgenkreis beginnt. Später reicht ggf. nur das Signal und die Kinder kennen auch ohne Worte die Bedeutung der Töne.

Sitzplätze

Mit kleinen Kindern sitzt die Gruppe am besten auf dem Boden. Kinder, die noch nicht sitzen können, liegen mit im Kreis.

Bewährt hat es sich, wenn jedes Kind eine Sitz- bzw. Liegeunterlage für sich allein bekommt. Dann weiß es, wo es während des Morgenkreises seinen Platz hat und bleibt bei der Gruppe. Als Sitzunterlagen finden Bodenkissen oder kleine Kissen, Teppichstücke, Badematten, Handtücher u. Ä. in verschiedenen Farben Verwendung.

Begrüßung

Die Spielleitung begrüßt die Kinder. Eine Handpuppe (Puppe oder Tier) steigert dabei die Spannung. Diese Handpuppe hat sonst keine weitere Funktion in der Gruppe, sondern bleibt dem Morgenkreis vorbehalten. Die Handpuppe hat einen Namen. Die Kinder werden aufgefordert, ihn zu rufen.

Die Handpuppe steigt aus einer Kiste oder einem Korb, das steigert die Spannung. Gemeinsam mit den Kindern schaut die Handpuppe, wer alles da ist. Die Handpuppe entdeckt mit den Kindern, welche Farbe die Matte hat, auf der jedes einzelne Kind sitzt. Dadurch lernen die Kinder ganz nebenbei verschiedene Farben kennen.

In jedem Morgenkreis zählt die Handpuppe die Kinder, sodass die älteren Kinder durch die ständige Wiederholung die Zahlen und das Zählen kennen lernen.

Spielteil

Der Spielteil ist der variable Teil des Morgenkreises. Hier wird ein Fingerspiel oder Spiel gemacht, gesungen, erzählt oder musiziert (➜ Morgenkreislieder, S. 22, 23). Auch dabei wird beachtet, dass die Kinder Wiederholungen lieben.

Ruhephase

Auf den Spielteil folgt eine kurze Ruhephase, die den Kindern hilft, sich zu entspannen. Die Kinder liegen auf ihrer Unterlage. Die Spielleitung lässt eine Spieluhr oder ein kurzes ruhiges Musikstück erklingen.

Danach werden die Kinder durch den Wind „geweckt". Dafür holt die Spielleitung einen Handfächer hervor, mit dem jedes Kind Wind zugefächert bekommt. Die älteren Kinder werden gefragt, ob sie vom Wind geweckt werden möchten, und wenn ja, ob sie Ostwind oder Südwind möchten. Dazu wird ein passender Vers gesprochen (➜ Vers „Ost- und Südwind", S. 22).

Nach dem Wecken setzen sich die Kinder auf die Unterlage.

Abschied

Nun verabschiedet sich die Handpuppe von den Kindern und geht zurück in ihre Kiste oder Korb. Die Spielleitung bittet die Kinder, leise zu sein, damit die Handpuppe einschlafen kann. Dann schnarcht „die Handpuppe" und der Morgenkreis ist beendet. Die älteren Kinder helfen beim Aufräumen.

Ost- und Südwind (Vers)

Der Ostwind bläst schnell, huh und hoh,
bläst immer schneller, laut und so: Huh!

Schnell fächern,
je nach Alter mit dem Kind „Huh" rufen.

Der Südwind bläst ganz leicht und warm,
kitzelt sanft an Bauch und Arm.

Leicht fächern.
Das Kind sanft kitzeln.

Hallo, guten Morgen

Nr. 1

Die Gruppe singt für jedes Kind eine eigene Strophe:

Hallo, Leana, da bist du.
Hallo, Leana, winke uns mal zu.

Alle zeigen auf das Kind.
Dem Kind zuwinken und es zum Winken animieren.

Varianten

Alternative letzte Zeilen:
- „… rassle uns was vor."
- „… klatsche mit der Hand."
- „… stampfe mit dem Fuß."
- „… klopfe mal ganz laut."
- „… singe la, la, la."
- „… hüpfe in die Luft."
- „… tanze uns was vor."
- „… zeig mal, was du kannst."

Halli, Hallo

Nr. 2

Hal-li, hal-lo, zu-sam-men sind wir froh! Hal-li, hal-lo, zu-sam-men sind wir froh! E-li-sa und Kat-ja sind da, hur-ra! Pe-ter und Si-na sind da, hur-ra! Da freu-en wir uns so. Da freu-en wir uns so. Da freu-en wir uns so. Zu-sam-men sind wir froh.

Die Namen der Kinder werden an den entsprechenden Stellen eingesetzt.

Varianten

„Da freuen wir uns so" abändern in:
- „Da klatschen alle so."
- „Da hüpfen alle so."
- „Da trommeln alle so."
- „Da stampfen alle so."
- „Da tanzen alle so."

Mahlzeiten

Essen ist ein lebensnotwendiges Bedürfnis. Doch die Mahlzeiten haben weit mehr Bedeutung für das einzelne Kind und die Gruppe. Sie vermitteln dem Kind Geborgenheit und sind eine gute Möglichkeit, soziales Verhalten zu üben. Das Kind lernt Rücksicht zu nehmen, zu teilen, aufeinander zu warten und miteinander zu kommunizieren. Das fördert das Selbstbewusstsein, die Eigenverantwortung und das Gruppengefühl. Deshalb sind auch für Kleinstkinder gemeinsame Mahlzeiten wichtig. Ab ca. einem Jahr können die Kinder daran teilnehmen und sich auf den Rhythmus der Einrichtung einstellen. Für viele Kinder ist es anfangs eine Hilfe, wenn die Mahlzeiten zu Hause zu den Essenszeiten der Gruppe erfolgen. Da Kinder sich das Ess- und Tischverhalten bei den Erwachsenen abschauen, ist es wichtig, dass diese auch an den Mahlzeiten teilnehmen.

Gemeinsames Tischdecken

Ein reizvoll gedeckter Tisch weckt die Vorfreude auf die Mahlzeit. Mit wenig Aufwand lässt sich ein karger Tisch in ein gemütliches Schlaraffenland verwandeln.

Material: Dekorationsmaterialien (z. B. frische Blumen, (Baum-)Früchte, LED-Kerzen, Kaltlicht-Lichterketten, Servietten, Spielzeug)

Die Spielleitung richtet alle Speisen schön an und dekoriert den Tisch einladend. Dabei kann sie sich z. B. von den verschiedenen Jahreszeiten oder vom jeweiligen Essen inspirieren lassen. Kinder ab ca. 1 ½ Jahren helfen bei der Dekoration des Tisches.
Wichtig: Die Spielleitung sollte den Kindern dabei viel Freiheit lassen und auch eine in Erwachsenenaugen seltsame Dekoration (z. B. Bausteine, Autos) akzeptieren.
Auch selbst gebastelte Tischsets sehen hübsch aus und können den Kindern beim Tischdecken behilflich sein (➔ „Tischsets als Vorlage für Gedecke", rechte Spalte).

Tischsets als Vorlage für Gedecke

Die Tischsets helfen den Kindern beim Tischdecken und zeigen, wo Geschirr und Besteck hingehören. Kinder ab ca. 1 ½ Jahren können so das eigene Gedeck ohne fremde Hilfe auf den Tisch legen.

Alter: ab 1 ½ Jahren
Material: Fotokamera, Geschirr und Besteck, dickes Papier in A 4, Druckerpapier, Laminierfolie und -gerät

Die Spielleitung arrangiert ein Kinder-Gedeck so auf dem Tisch, wie es während der Mahlzeiten stehen soll. Sie fotografiert es von oben und druckt für jedes Kind ein Foto davon in A4 aus. Die Fotos werden jeweils zusammen mit einem dicken Papierbogen zur Verstärkung in eine Laminierfolie gelegt und laminiert.

Vor den Mahlzeiten legt die Spielleitung gemeinsam mit den älteren Kindern die Tischsets auf dem Esstisch aus. Das Geschirr stellt die Spielleitung so auf den Tisch, dass die Kinder es selbstständig nehmen können. Die Kinder sehen auf den Tischsets, wohin Teller, Tasse und Löffel gehören, und stellen alles entsprechend darauf.

Gemeinsamer Beginn der Mahlzeiten

Mahlzeiten gemeinsam zu beginnen, stärkt das Zusammengehörigkeitsgefühl, schult das Sozialverhalten und steigert die Spannung auf das kommende Essen. Aufeinander zu warten, ist auch schon den kleinen Kindern möglich.
Tischverse und -lieder signalisieren den Beginn der Mahlzeit.
Ein gemeinsamer Abschluss ist in diesem Alter nicht sinnvoll, da die Kinder ein sehr unterschiedliches Essenstempo haben und die Konzentrationsspanne kurz ist.
Je älter die Kinder sind, desto besser können sie lernen, auch einmal am Tisch auf ein anderes Kind zu warten, bevor sie gemeinsam aufstehen.

Material: evtl. eine Handpuppe

Alle Kinder und die Spielleitung setzen sich gemeinsam um den Tisch, sprechen einen Vers oder singen ein Tischlied (➜ Verse und Lieder, S. 26–28).
Danach reichen sich alle die Hände und wünschen sich einen guten Appetit. Die Spielleitung schaut mit den Kindern, was es zu Essen gibt, und benennt die Lebensmittel. Dadurch lernen die Kinder die Bezeichnungen kennen.

Variante
Eine Handpuppe wird als Koch verkleidet und übernimmt täglich die Funktion, den Kindern bei den Mahlzeiten das Essen zu erklären. Beispiel: „Heute gibt es Kartoffelbrei, Spinat und Ei. Was ist wohl der Kartoffelbrei, Kinder? Das Grüne da ist Spinat." usw.

Tischverse

Kleinstkinder lieben Verse in Reimform. Sie sind zudem ein gutes Training für die Sprachentwicklung. Der Rhythmus eines Reimes sorgt dafür, dass sich Reime gut einprägen. Zu den Versen können die Kinder auch auf verschiedene Weise den Rhythmus klatschen (z. B. in die Hände, auf dem Tisch, auf den Oberschenkeln).

Die Kinder sprechen einen der folgenden Verse zu Beginn der Mahlzeit:

Gemeinsam essen

*Gemeinsam essen, das ist toll.
Unsre Teller sind schon voll.*

Abwandeln in „*werden voll*", falls sie später gefüllt werden.

*Ich wünsche euch,
dass es gut schmeckt.*

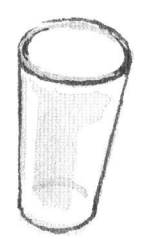

*Was gibt es heut',
habt ihr's entdeckt?*

Mit den Kindern benennen, was es gibt.

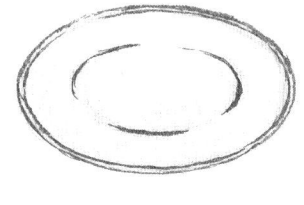 

*Ja, das Essen riecht schon fein.
Steckt schnell eure Löffel (Gabeln) rein.*

Oh, wie lecker

*Oh, wie lecker,
Brot vom Bäcker,
noch mehr gibt's dazu.*

Abwandelbar, indem benannt wird, was es dazu gibt;
Beispiel: „*Käse und Wurst gibt's dazu.*"

 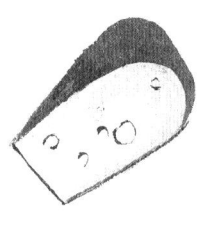

*Auch Milch von der Kuh,
muh, muh, muh.*

Kommt zu den Reimen noch eine Melodie, prägt sich dies noch besser ein. Ein Tischlied (➔ Lieder, S. 27–28) vor dem Essen steigert auch das Wohlbefinden.

Rituale für einen festen Tagesablauf

Wir sitzen hier zusammen

Nr. 3

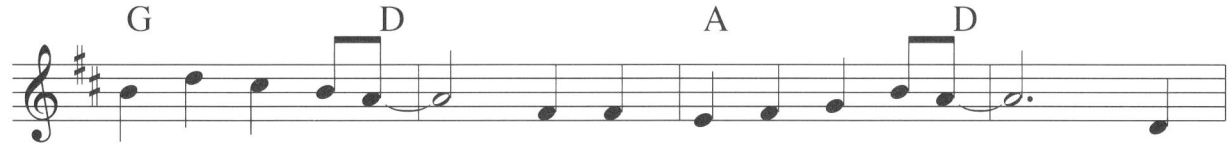

Wir sitzen hier zusammen und freuen uns so sehr.	Klatschen.
Jetzt gibt es leckre Nudeln und noch so vieles mehr.	Abwandeln in passende Lebensmittel; Beispiel: „Kartoffeln, Suppe, leckren Reis …"
Wir reichen uns die Hände, wünschen guten Appetit. *La, la, la, la, la, alle essen mit.*	Hände reichen.

Der Tisch ist gedeckt

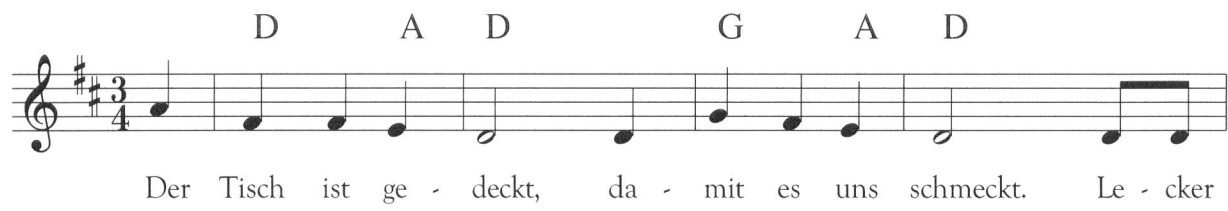

Der Tisch ist gedeckt,
damit es uns schmeckt.
Lecker duftet es hier.
Es schmeckt mir und auch Dir.

Bauch reiben.
Schnuppern.
Auf sich und anderes Kind zeigen.

Leckres Essen, das macht alle froh

Schlafenszeit

Um vom Spielen und Toben zur Ruhe zu kommen, sind Rituale eine sehr gute Möglichkeit. Sie helfen den Kindern, sich zu entspannen, nehmen Ängste und Erleichtern den Übergang zu einer Phase der Ruhe und Stille.

Einschlafrituale entwickeln ihr Potenzial nicht nur aus Worten, sondern auch aus Handlungen. Es sind kleine Gesten und Berührungen, die Ruhe, Geborgenheit und Vertrauen ausstrahlen, kurze Handlungen, wie z. B. das liebevolle Zudecken, das Streicheln über den Kopf, das Gute-Nacht-Sagen zum Kuscheltier oder das Aufziehen der Spieluhr. Ein Einschlafritual sollte immer gleich ablaufen, denn nur dann ist es für das Kind vorhersehbar und vermittelt die benötigte Sicherheit.

Einschlaf-Ritual

Material: ggf. Projektor, Musik-CD, Spieluhr

Ein Einschlaf-Ritual fängt schon bei den davor üblichen Aktivitäten wie Ausziehen, Waschen, Wickeln und Zähneputzen an. Diese Tätigkeiten erfolgen immer in der gleichen Reihenfolge. So stellt sich Routine ein und die Kinder wissen, dass es gleich Schlafenszeit ist.

Im Schlafzimmer ist nur ein schwaches Licht an. Dazu eignen sich Nachtlämpchen, gedimmtes Licht, ein Projektor, der Sterne oder Lichter an die Decke wirft, u. Ä.

Bis alle Kinder in ihren Bettchen liegen, erklingt eine leise Melodie von CD oder der Spieluhr. Wenn die Kinder in ihren Bettchen liegen, folgt der gemütliche Teil. Dieser ist auf jeden Fall ruhig, kurz und nicht zu spannend zu gestalten.

Die Spielleitung liest eine kurze Geschichte vor. Bei Kleinstkindern kann auch für längere Zeit immer die gleiche Geschichte erzählt werden, da sie Wiederholungen lieben.

Ein Schlaflied hilft den Kindern noch mehr zur Ruhe zu kommen (➜ Lieder, S. 30–31).

So, wie der Anfang des Rituals immer gleich abläuft, so endet es auch immer mit der gleichen Geste (Beispiel: Licht löschen, einen guten Schlaf wünschen o. Ä.). Dies signalisiert den Kindern eindeutig, dass nun die Zeit zum Schlafen gekommen ist.

Schlafe, schlafe

Nr. 6

Wir haben ganz viel gemacht, gesungen, gespielt und gelacht. Müde fallen die Augen gleich zu, darum geht es ganz schnell zur Ruh. Auch Teddy und Puppe schlafen schon fein. Kuschel Dich in Dein Bettchen hinein. Schlaafe, schlaafe, schlaf ein, schlaf ein. Schlaafe, schlaafe, schlaf ein, schlaf ein.

Auch die Tiere schlafen

Nr. 7

Im Stall will nun schlafen die schwarz-weiße Kuh, auch die Hühner gackern nicht mehr und geben jetzt Ruh. In seiner Hütte schnarcht der Hund ganz leise, die Katze liegt im Körbchen, schnurrt auf ihre Weise. Das Schwein im Stall grunzt „Gute Nacht". Das Pferd auf der Weide schließt die Augen ganz sacht. Der Vogel im Nest sagt noch einmal „piep, piep". Jetzt schlafe auch Du ein. Ich hab Dich so lieb!

Tagesabschluss

So, wie der Tag gemeinsam begonnen wurde, wird er auch möglichst gemeinsam abgeschlossen. Rituale zeigen den Kindern, dass es nun bald nach Hause geht.

Abschiedsrituale

Material: ggf. An- und Abwesenheitsleiste (→ S. 17–18) oder Kerze

Um die Kinder aus der Einrichtung zu entlassen, gibt es verschiedene Möglichkeiten:
- Jeder nimmt sein Bild von der Anwesenheitsleiste o. Ä.
- Es wird eine Abschiedskerze angezündet und gemeinsam ausgepustet.
- Jedes Kind verabschiedet sich von seinem Lieblingsspielzeug in der Gruppe.
- Alle gemeinsam singen ein Abschiedslied oder machen das Fingerspiel „Fünf Leute" (→ Lieder und Fingerspiele, S. 33–34).

Auf Wiedersehen

Das Spielen ist zu Ende

Nr. 9

Das Spielen ist zu Ende. Wir reichen uns die Hände. Wir haben gespielt und gelacht und auch manchen Unsinn gemacht. Jetzt gehen wir alle nach Haus, denn für heute ist es hier aus.

Fünf Leute (Fingerspiel)

Fünf Leute waren heute hier.
Sie spielten zusammen
mit dir und mit mir.

Fünf Finger zeigen,
hin und her bewegen.

Der Dicke, der hat viel gelacht.

Daumen zeigen und bewegen.

Der Lange hat viel Quatsch gemacht.

Zeigefinger zeigen und bewegen.

Der in der Mitte hat sich versteckt.

Mittelfinger in der Hand verstecken.

Doch der da hat ihn schnell entdeckt.

Mit Ringfinger auf Mittelfinger klopfen, beide Finger zeigen.

Der Kleine will noch nicht nach Haus,
doch leider ist das Spiel nun aus.

Kleinen Finger bewegen.

Alle müssen sie jetzt gehn
und winken dir zu „Auf Wiedersehn".

Hand etwas wegbewegen und
winken.

Rituale für die liebevolle Körperpflege

Kleinstkinder benötigen enge und zuverlässige Bindungen. Eine liebevolle, beziehungsvolle Pflege bietet die Möglichkeit, die Beziehung zwischen dem Kind und der Betreuungsperson zu stärken. Die Zeiten des Wickelns und der Körperpflege sind deshalb besonders kostbare Gelegenheiten, bei denen sich beide durch behutsame Berührungen und achtsame Interaktion näher kommen.

Wickelzeit

In der Wickelsituation wendet sich die Betreuungsperson dem Kind individuell zu, spricht mit ihm und begleitet ihr Tun sprachlich. Die 1-zu-1-Situation bietet die Gelegenheit, sich mit Versen, Massagen und anderem intensiv dem einzelnen Kind zu widmen.

Wickeltischverse

Immer wiederkehrende Verse beim Wickeln geben dem Kind in der intimen Situation Sicherheit und Geborgenheit. Dabei achtet die Betreuungsperson bei Berührungsspielen immer darauf, ob sich das Kind dabei wohlfühlt. Auch Babys zeigen dies schon deutlich.
Wenn die Verse über dem Wickeltisch an der Wand angebracht werden, kann jede Betreuungsperson darauf zurückgreifen.

Material: Ball oder Igelball
Melodie: Kann nach der Melodie von „Taler, Taler" gesungen werden.

Die Spielleitung holt einen kleinen Ball oder Igelball hervor und lässt ihn zu dem Vers auf dem Kind wandern:

Kleiner Ball, du musst nun wandern,
von dem einen Arm zum andern.

Kull're hin, kull're her, kull're zum Bauch,
das ist nicht schwer.

Kleiner Ball, du musst nun wandern,
von dem einen Bein zum andern.

Kull're hin, kull're her, kull're ins Körbchen,
das ist nicht schwer.

Variante „Zwei Beinchen"

Mit beiden Beinen des Kindes werden passende Strampelbewegungen gemacht:

Beinchen rechts und Beinchen links — Jeweils das Bein anheben.
gehen auf die Reise.

Schleichen langsam hin und her — Beine langsam bewegen.
und sind ganz, ganz leise. — Leise sprechen.

Da kommt ein Ball von ganz weit her, — Beine schnell bewegen.
beide Beinchen laufen hinterher.

Sie müssen noch viel schneller sein. — Immer schneller werden.
Da holen sie ihn endlich ein.

Beinchen rechts und Beinchen links — Jeweils das Bein anheben.
kullern den Ball hin und her — Abwechselnd einen imaginären
und das gefällt beiden Beinchen sehr. — Ball kicken.

Dann laufen beide schnell nach Haus. — Schnell bewegen.
Und ruhn sich von der Reise aus. — Beine zu einer Seite ablegen.

Wickeltisch-Mobile

Um Kinder auf dem Wickeltisch abzulenken, eignen sich Dinge, die über dem Tisch hängen, wie z. B. ein Mobile.

Material: Sockentrockner, Haken, verschiedene Gegenstände (z. B. bunte Schleifen, Tücher, kleine Holz- und Kunststofftiere, Material zum Festbinden (z. B. Bindfaden, Geschenkband, Wolle); evtl. Klangspiel

Mit wenig Aufwand lässt sich ein einfaches Mobile herstellen. Die Spielleitung hängt dazu einen Sockentrockner mittels Haken an die Decke und bindet an diesem verschiedene Gegenstände fest.

Wenn die Spielleitung den Trockner in Bewegung versetzt, kann das darunter liegende Kind die Dinge mit den Augen verfolgen.

Variante „Klangspiel"

Alternativ bietet auch ein Klangspiel eine gute Ablenkung vom Wickeln.

Rituale für die liebevolle Körperpflege

Pitsch und Patsch

Nr. 10

Die Spielleitung macht auf dem Kind mit zwei Fingern die passenden Bewegungen. Das Lied kann auch nur gesprochen werden:

Pitsch und Patsch,	Jeweils einen Zeigefinger bewegen.
zwei Regentropfen,	
wollen heut auf Leon klopfen.	Namen einsetzen.
Tropfen erst auf seinen Kopf,	
klopf, klopf, klopf, klopf, klopf.	Mit beiden Zeigefingern sanft klopfen.
Dann laufen sie munter,	Jeweils mit einem Finger an einem
die Arme herunter.	Arm herunterstreichen.
Sie landen auf seinem Bauch	Beide Finger hüpfen auf den Bauch.
und auf den Beinen auch.	Beide Finger hüpfen auf die Beine.
Sie laufen zu den Füßen	Jeweils mit einem Finger an einem
und wolln die auch begrüßen.	Bein herunterstreichen und Füße kitzeln.
Und dann, oh Schreck,	
sind Pitsch und Patsch	Finger hinter dem Rücken
schnell weg.	verstecken.

Toiletten-Buch

Ein besonderes Buch, das das Kind immer nur dann bekommt, wenn es auf der Toilette sitzt, hilft dem Kind dabei, die Scheu vor der Toilette zu verlieren.

Material: durchsichtige Klebefolie oder Klebeband, Toilettenaufsatz

Die Spielleitung beklebt die Buchseiten mit durchsichtiger Klebefolie oder Klebeband, damit das Buch abwischbar ist und platziert es gut sichtbar neben der Toilette.
Sie setzt die Kinder nach dem Entfernen der Windel für kurze Zeit zum Training auf die Toilette (Toilettenaufsatz für Kleinstkinder benutzen), sobald sie sicher allein sitzen können und Freude daran haben (kein Zwang). Dabei bleibt sie beim Kind stehen.

Waschen und Zähneputzen

Das Waschen der Hände vor und nach dem Essen usw. ist ein Ritual, das bereits mit den Kleinstkindern eingeübt wird. Die Spielleitung gestaltet dies spielerisch, sodass die Kinder Freude am Waschen und dem Element Wasser haben. Das gleiche gilt für das Zähneputzen, das durch ständige Wiederholung zur Routine wird.

Händewasch-Lied

Nr. 11

Melodie: Wer will fleißige Handwerker sehn?

1. Wer will saubere Hände sehn? Der muß zu uns Kindern gehn.
Seife ein, seife ein, die Hände werden sauber sein.
Seife ein, seife ein, die Hände werden sauber sein.

2. Wer will saubere Hände sehn?
Der muss zu uns Kindern gehn.
Wasser lauf, Wasser lauf,
lustig auf die Hände drauf.

3. Wer will saubere Hände sehn?
Der muss zu uns Kindern gehn.
Trockne ab, trockne ab.
Seht, dass ich saub're Hände hab!

Die Kinder machen passend zum Text die Bewegungen.

Händewasch-Vers

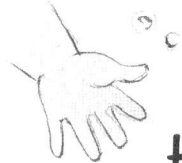

Ort: Badezimmer mit Waschbecken

Rische, rische, rasch, *wenn ich die Hände wasch.*	Hände unter Wasser reiben. Seife darauf und waschen.
Dann werden sie blitzblank und rein, *denn ich will ja kein Schweinchen sein.*	Saubere Hände betrachten.

Zähneputzen mit dem Krokodil
(Vers)

Kinder sollten sich so früh wie möglich an Mundhygiene gewöhnen. Je früher sie mit diesem Ritual beginnen, umso selbstverständlicher wird es sie in ihrem Leben begleiten.

Mithilfe einer Krokodilhandpuppe oder einem zum Krokodil umfunktionierten grünen Handwaschlappen erklärt die Spielleitung den Kindern die Wichtigkeit des Zähneputzens.

Jedes Mal, wenn die Kinder Zähne putzen, kommt das Krokodil hervor und sagt seinen Vers auf. Nach und nach lernen die älteren Kinder, ihn teilweise mitzusprechen:

Material: Krokodilhandpuppe oder grüner Handwaschlappen

Ich bin das große Krokodil *und habe Zähne ganz, ganz viel.*	Krokodil hervorholen.
Sie sind da drin in meinem Mund. *Meine Zähne sind gesund.*	Krokodil macht den Mund auf. Reißt den Mund weiter auf.
Ich putz sie mit der Bürste rein, *denn sie sollen sauber sein.*	Zähne mit einer Bürste putzen.
Alle Zähne kommen dran, *damit ich kräftig beißen kann.*	Schnappt nach den Kindern.

Hinweis: Die meisten Kinder lieben es, wenn das Krokodil nach ihnen schnappt. Sollten Kinder sich ängstigen, schnappt das Krokodil nur in die Luft.

Rituale für die liebevolle Körperpflege

Anziehen

Das Anziehen der Kinder ist keine Nebensache, sondern eine kurze Zeit des Kontaktes mit dem einzelnen Kind. Liebevoll gestaltet, unterstützt dieses den Beziehungsaufbau.

Kleiderzauber

Material: Kleidungsstücke der Kinder

Die Spielleitung zaubert die Kleidungsstücke nacheinander hinter ihrem Rücken hervor und zieht sie dem Kind an. Wenn mehrere Kinder angezogen werden sollen, verwendet sie jeweils ein Kleidungsstück von jedem Kind, um so die Spannung zu erhalten (z. B. erst alle Schals, dann die Jacken). Durch das Benennen der Kleidungsstücke lernen die Kinder nebenbei die Bezeichnungen kennen.

Beim Anziehen von Oberteilen oder Hosen lässt die Spielleitung die Hände bzw. Füße des Kindes verschwinden und dann wieder hervorschauen. Die Mütze wird über die Augen gezogen und mit dem Ruf „*Guckuck*" wieder richtig aufgesetzt.

Die Spielleitung steckt ihre Hände in die Schuhe des Kindes und lässt diese zum Kind laufen. Ältere Kinder (ab ca. 1 ½ Jahren) lieben es, die richtigen Schuhe zu finden. Die Spielleitung legt einige Schuhe in einen Korb und die Kinder ordnen sie zu.

Jetzt zieht die Luise ihre ... an

 Nr. 12

1. Jetzt zieht die Lu-i-se ih-re Ho-se an. Jetzt zieht die Lu-i-se ih-re Ho-se an. Und jetzt und jetzt ist ihr Pul-lo-ver dran. Und jetzt und jetzt ist ihr Pul-lo-ver dran.

2. Jetzt zieht der Martin seine Mütze an.
Jetzt zieht der Martin seine Mütze an.
Und jetzt und jetzt ist seine Jacke dran.
Und jetzt und jetzt ist seine Jacke dran.

3. Jetzt zieht die Katja ihren Scha-al an.
Jetzt zieht die Katja ihren Scha-al an.
Und jetzt und jetzt sind ihre Handschuh dran.
Und jetzt und jetzt sind ihre Handschuh dran.

Das Lied wird während des Anziehens mit entsprechenden Pausen gesungen.

Variante

Jetzt ziehen alle ihre Mützen an …
und jetzt und jetzt
sind alle Schuhe dran.

So geht das Anziehen

 Nr. 13

O-ho-o, o-ho, o-ho-o, o-ho, An-zie-hen, das geht so.

O-ho-o, o-ho, o-ho-o, o-ho, An-zie-hen, das geht so. Das kann ich schon al-lein, steck je-den Fuß in ein Ho-sen-bein. Und rutsch und rutsch, ist er durch-ge-flutscht. Und rutsch und rutsch, ist er durch-ge-flutscht.

(Refrain)

2. Das kann ich schon allein,
steck die Arme in die Ärmel rein.
Und rutsch und rutsch, sind sie reingeflutscht.

(Refrain)

3. Das kann ich schon allein,
steck die Füße in die Schuhe rein.
Und rutsch und rutsch, sind sie reingeflutscht.

(Refrain)

4. Das kann ich schon allein,
setz die Mütze auf den Kopf ganz fein.
Und rutsch und rutsch ist sie draufgeflutscht.

Die Verse werden je nach Bedarf verwendet.

Rituale für ein gutes Miteinander in der Gruppe

Bei immer wiederkehrenden Situationen im Alltag, wie z. B. dem Aufräumen nach dem Spiel, dem Trösten, falls ein Kind weint und traurig ist oder bei Streit in der Gruppe, macht es Sinn, sich Rituale auszudenken und anzuwenden, um den Umgang mit der Situation für Kinder und Erwachsene zu erleichtern. Feste Regeln geben Sicherheit und helfen, die Situation schnell zu bewältigen. So entsteht langsam ein Gemeinschaftsgefühl, das die Kinder in der Gruppe zusammenschweißt.

Wir gehören zusammen

Auch Kleinstkinder profitieren stark vom Miteinander mit anderen Kindern. Sie identifizieren sich mit der Gruppe, die ihnen Geborgenheit und Sicherheit gibt. Gemeinsame Rituale stärken das Wir-Gefühl.

Gemeinschaftsrituale

Material: Tapetenrest, Fingerfarben, Pinsel, ggf. Digitalkamera und Foto von jedem Kind

Die Spielleitung schneidet ein Stück Tapetenbahn passend zu. Jedes Kind macht darauf einen Handabdruck. Die Spielleitung schreibt den Namen des jeweiligen Kindes darunter.
Die Bahn wird immer wieder in die Mitte gelegt und die Kinder suchen ihren Abdruck und legen ihre Hand darauf. Dabei betont die Spielleitung, dass alle in der Gruppe zusammengehören. Einfacher ist das Suchen, wenn auf jede Hand ein kleines Foto des Kindes geklebt wird.

Gruppenbaum

Material: pro Kind 1 Bogen Malkarton, Fingerfarben, Pinsel, Digitalkamera, Foto von jedem Kind, Kleber, Laminierfolie, Laminiergerät, Schere, Lochzange, Faden, Zimmerpflanze, Baum o. Ä.

Jedes Kind macht einen Handabdruck auf einen Malkarton.
Die Spielleitung klebt jeweils ein Foto des Kindes auf die Hand, laminiert die Bögen und schneidet anschließend die Hände aus.
Mit der Lochzange macht sie ein Loch in die Hand, durch das sie einen Faden zieht.
Die Hände bindet sie an einem Baum im Garten fest oder an eine ungiftige Zimmerpflanze in Sichthöhe der Kinder.
Gemeinsam pflegen die Kinder den Gruppenbaum. Dabei weist die Spielleitung immer wieder darauf hin, dass alle in der Gruppe zusammengehören.

Variante

Alternativ können auch Fußabdrücke verwendet werden.

Wir sind eine Super-Truppe

Nr. 14

*Wir sind eine Super-Truppe,
wir die ganze Hasen-Gruppe.*

*Zusammen haben wir viel Spaß
und ohne Tim, da fehlte uns was,
und ohne Marc, da fehlte uns was.*

Richtigen Gruppennamen einsetzen.

Namen der Kinder einsetzen und
auf das jeweilige Kind zeigen.

Was wir zusammen können

Nr. 15

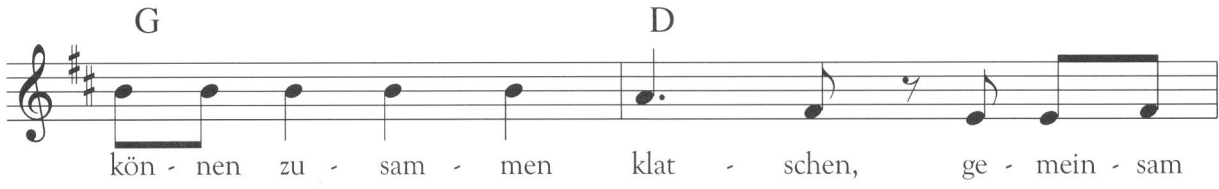

Wir sitzen hier im Kreis herum
und freuen uns so sehr.
Wir können vieles machen,
schaut doch mal alle her.

Wir können zusammen klatschen,
klatschen, klatschen.
Wir können zusammen klatschen,
gemeinsam klatschen,
das macht Spaß!

„Klatschen" ersetzen
durch „klopfen", „springen",
„tanzen", „lachen ha, ha",
„bellen wau, wau" usw.
und entsprechende Bewegungen bzw. Geräusche machen.

Gemeinsames Aufräumen

Kleinstkinder können, sobald sie gehen können, bereits helfen, Dinge wieder an ihren Platz zu bringen. Sie sind aber nicht in der Lage, allein aufzuräumen, sondern benötigen das Mittun der Spielleitung. Diese verteilt klare und eingegrenzte Aufgaben und spricht das jeweilige Kind dabei persönlich an.
Beispiel: Die Spielleitung sagt: „Leonie, lege bitte dieses rote Auto in diese Kiste!" und nicht: „Alle Autos aufräumen!")
Wichtig ist dabei, dass der Raum übersichtlich ist, Spielsachen in der Menge überschaubar sind und einen festen Platz haben.
Mit Spielen, Liedern und Versen begleitet, wird das Aufräumen nicht zur lästigen Pflicht, sondern macht Spaß.
Feste Aufräumrituale helfen den Kindern dabei, sich aus ihrer augenblicklichen Spielsituation zu lösen und sich auf das Aufräumen einzulassen.
Durch das gemeinschaftliche Aufräumen sorgen die Kinder zudem dafür, dass ein positives Gruppengefühl entsteht.

Aufräumspiele

Kleinstkindern können zu allem motiviert werden, wenn es nur spielerisch daherkommt. Dabei kann alles zum Spiel gemacht werden, auch das Aufräumen.

Material: ggf. großer Würfel, Fotos von verschiedenen Spielzeugarten, Suppenkellen, Löffel, Korb, Karton oder Behälter und Tücher in verschiedenen Farben

Die Spielleitung gibt einzelne Aufgaben für alle vor. Beispiel: „Alle Kinder suchen einen Baustein und legen ihn in den Korb". Dabei ist es wichtig, dass sich die Spielleitung aktiv an den Aufgaben beteiligt, denn sie lernen durch Nachahmen.

Weitere mögliche Aufgaben:
- Ein großer Würfel wird auf jeder Seite mit einem Bild einer Spielzeugart beklebt (z. B. Autos, Bücher, Puppen, Bausteine). Reihum darf immer ein Kind würfeln und dann suchen die Kinder und Erwachsenen passende Dinge und räumen sie auf.
- Die Spielsachen werden auf verschiedene Arten zu ihrem Platz transportiert. Beispiele: mit einer Suppenkelle, mit großen Löffeln, gemeinsam in einem großen Tuch, zwischen die Beine geklemmt u. v. m.
- Mit den Dingen Zielwerfen und sie in einen großen Korb oder Karton werfen.
- Mit den Kindern über 2 Jahren werden Spielsachen nach Farben aufgeräumt.
Dazu Behälter oder Tücher in den passenden Farben in die Mitte legen. Die Kinder legen die passenden Dinge darauf und anschließend werden diese aufgeräumt.

Aufräumvers

Material: Triangel, Spieluhr oder Glöckchen

Die Spielleitung „läutet" das Aufräumen durch ein akustisches Signal ein, damit die Kinder erkennen, dass das Aufräumen beginnt und die Aufmerksamkeit auf die Spielleitung richten. Sie spricht folgenden Vers und die Kinder machen die entsprechenden Bewegungen dazu:

Ich schaue mich hier um,	Hände über die Augen legen.
da liegt ja sooo viel rum.	Mit Finger im Raum herum zeigen.
Das schaff ich nicht allein,	Kopf schütteln.
aufräumen muss jetzt sein.	
Kommt Kinder packt mit an,	Kinder herbeiwinken,
damit es schöner werden kann.	in die Hände klatschen.

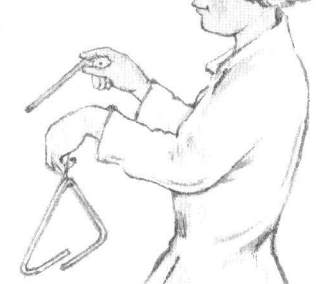

Alle Kinder räumen auf

Nr. 16

Material: Triangel, Spieluhr oder Glöckchen
Melodie: „Alle Vögel sind schon da"

Die Spielleitung „läutet" das Aufräumen durch ein akustisches Signal ein, damit die Kinder erkennen, dass das Aufräumen beginnt und die Aufmerksamkeit auf die Spielleitung richten. Mit dem nachfolgenden Lied werden die Kinder in die Raummitte gerufen, um anschließend mit der Spielleitung aufzuräumen.

Aufräumen ist gar nicht schwer

Nr. 17

(Refrain)

2. Die Autos, die Autos,
die kommen in den Schrank.
Wir sind schnell und wir sind tüchtig.
Aufräumen macht Spaß und ist wichtig.

(Refrain)

3. Die Bücher, die Bücher,
die kommen ins Regal.
Wir sind schnell …

Die ersten Zeilen der Verse werden jeweils gesprochen. Nach jedem Vers werden die entsprechenden Dinge gemeinsam aufgeräumt.
Es können auch weitere passende Verse erfunden oder nur der erste Teil des Liedes vor dem Aufräumen gesungen werden.

Streiten und Versöhnen

Streit darf bei Kleinstkindern nicht negativ bewertet werden. Er ist notwendig und dient der Persönlichkeitsentwicklung. Kinder äußern ihre Bedürfnisse und Wünsche mit dem ganzen Körper. Kleinstkinder streiten häufig, weil sie sich nicht anders bemerkbar machen können.

Bei den Zweijährigen ist der Streit um Spielsachen die häufigste Ursache der Auseinandersetzung. Sie schubsen und treten nach dem Kind, das ihren Spielsachen zu nahe kommt. Kleinstkinder streiten nicht um den anderen anzugreifen, sondern um ihre legitimen Bedürfnisse zu befriedigen. Durch positives Vorleben, Beispielgeschichten (Bilderbücher, Handpuppen) und Handlungsvorschläge der Betreuungspersonen entwickelt sich eine Streitkultur, die den anderen nicht verletzt. Da Kinder unter drei Jahren noch stark impulsiv streiten, machen feste Streitrituale in diesem Alter wenig Sinn. Mit Kindern ab zwei Jahren können aber kleine Regeln zum Streiten eingeübt werden (z. B. den anderen nicht körperlich verletzen u. a.).

Versöhnungsrituale hingegen helfen, eine angespannte Situation schnell wieder aufzulösen. Ein übliches Versöhnungsritual ist die Entschuldigung.

Kleinstkinder können noch keine Reue empfinden. Sie lernen erst mit zunehmendem Alter den Zusammenhang zwischen ihrem Handeln und dem Kummer des anderen herzustellen. Da sie eine positive Umgebungsatmosphäre benötigen, spüren sie aber, dass etwas nicht so ist, wie es sein soll, und sind bereit, dazu beizutragen, dieses unwohle Gefühl schnell zu beseitigen. Dies gilt für den Streitenden ebenso wie für das andere betroffene Kind und die gesamte Gruppe.

Ein oft praktiziertes Ritual ist das Trösten der Kinder untereinander.

Weitere Rituale unterstreichen das Versöhnen optisch.

Entschuldigung-Baustein

Material: Baustein, Körbchen

Die Spielleitung legt einen besonderen Baustein in ein Körbchen und teilt den Kindern mit, dass es sich um den „Entschuldigung-Baustein" handelt. Um sich mit einem anderen Kind nach einem Streit zu versöhnen, nimmt das Kind den Stein aus dem Korb und gibt ihn dem anderen Kind. Dieses darf kurz damit spielen, bevor der Stein wieder in das Körbchen kommt.

Wichtig: Damit die Kinder den Baustein als Entschuldigung nutzen, muss die Spielleitung das Ritual mit den Kindern wiederholt anwenden.

Gemalte Freundschaft

Material: ungiftiger Stift (z. B. Lebensmittelfarben-Filzstift, Schminkstift o. Ä.)

Um sich mit einem Kind zu versöhnen, malt das Kind, das den Streit verursacht hat, einen Strich oder Punkt auf seine Hand und auf die Hand des anderen Kindes. Das zeigt: Beide Kinder wollen Freunde sein.

Bei sehr jungen Kindern übernimmt die Spielleitung das Malen.

Trösten

Ein Trostritual zeigt: Ich bin bei dir, du bist nicht allein, ich halte dich, ich fühle mit dir.
Meistens wünschen die Kinder Körperkontakt, wenn sie traurig sind. Hält die Betreuungsperson ein weinendes Kleinstkind immer auf die gleiche Art und Weise im Arm, dann lernt es schneller, sich in dieser Position zu beruhigen.
Während der Eingewöhnung kann es sein, dass ein Kind Körperkontakt ablehnt und diesen erst nach dem Bindungsaufbau zulässt. Trösten erfolgt dann erst einmal über Ablenkungen.
Auch ein von zu Hause mitgebrachtes Kuscheltier oder Kuscheltuch hilft den meisten Kindern über Kummer hinweg.

Trostrituale

Material: ggf. Tragetuch, Trostpüppchen

- Die Spielleitung nimmt das Kind auf den Arm und pustet den Schmerz weg.
- Babys lassen sich durch Auf-den-Arm-Nehmen, Herumtragen (z. B. im Tragetuch) oder sanftes Wiegen beruhigen.
- Die Spielleitung holt ein Trostpüppchen. Mit diesem darf das Kind kuscheln, bis der Kummer vergessen ist. Dafür kann jede Puppe verwendet werden. Zum Kuscheln eignen sich weiche Puppen besonders gut. Dieses Püppchen hat keine andere Funktion als die des Trösters und wird nicht zum Spielen im Alltag benutzt.
- Eine Rückenmassage hilft dem Kind, sich zu entspannen. Durch die sanfte Berührung wird es getröstet.

Trostvers

Material: ggf. Fächer oder Feder

Es weint unser Kind.	
Da holen wir den Wind.	
Der bläst und bläst	Pusten.
den Kummer weg geschwind	
und schwupps lacht unser Kind.	Bei „*schwupps*" Kind zwischen die Beine rutschen lassen o. Ä.

Tipp: Für den Wind kann ein Fächer oder eine Feder verwendet werden.

Trostkniereiter

*Auch Kniereiter sind eine gute Ablenkung und helfen beim Trösten.
Hier ein spezieller Trostkniereiter.*

Die Spielleitung nimmt das Kind auf den Schoß und macht folgenden Kniereiter:

*Hallo kleiner Floh,
gleich bist du wieder froh.*

Erst kommt der Wind und schaukelt das Kind.	Windgeräusche machen. Schaukelbewegungen machen.
Mit dem Pferdchen reitet es dann, so schnell es reiten kann.	Kind auf dem Schoss reiten lassen, schneller reiten.
Die Sonne scheint ganz warm, kitzelt Kopf, Bauch und den Arm.	Finger einer Hand zu Strahlen spreizen und das Kind entsprechend sanft streicheln.
Das Kind rutscht froh und munter nun einen Berg hinunter.	Kind beide Beine hinuntergleiten lassen.

Gemeinsam unterwegs

Kinder benötigen viel frische Luft. Der Aufenthalt im Freigelände ist deshalb auch schon für die Jüngsten wichtig. Viel Freude haben die Kinder an Entdeckungsspaziergängen in die Umgebung. Dabei ist der Weg das Ziel. Unterwegs ist Zeit, um viele kleine Dinge zu entdecken, den Käfer, der über den Weg krabbelt, die Geräusche, die zu hören sind, den Duft einer Blume und vieles mehr. Die Betreuungspersonen gehen einen bestimmten Weg immer wieder mit den Kindern, sodass diese Veränderungen bewusst wahrnehmen können.

Rituale, um zusammenzubleiben

In einer verkehrsarmen Gegend oder in der Natur können die älteren Kinder (ab ca. 2 Jahren) lernen zu gehen, ohne von einem Erwachsenen an der Hand gehalten zu werden und trotzdem bei der Gruppe zu bleiben.

Die Zweierreihe

Ein Kind wird bestimmt und wählt, mit wem es zusammen in der Zweierreihe gehen möchte. Das zweite Kind wählt das Kind, das hinter ihnen geht. Dieses wählt seinen Partner usw.

Stopp und Los

Mit dem folgenden Ritual lernen Kinder ab ca. 2 Jahren, auf ihre Spielleitung zu hören und trainieren die Körperbeherrschung:
In einer verkehrsfreien Zone (Wald, Park u. Ä.) dürfen sich die Kinder frei bewegen. Bei „Los" beginnen sie zu gehen und bei „Stopp" bleiben sie stehen. Die Spielleitung wechselt immer wieder zwischen „Los" und „Stopp" ab.
Wählt sie immer denselben Streckenabschnitt für dieses Spiel, kennen die Kinder dieses Ritual bald und fordern es ein.

Auch Lieder eignen sich dazu, eine Gruppe zusammenzuhalten (→ Lied, S. 55).

Krippenwagenritual

Dieses Ritual steigert die Spannung, weist den Kindern Plätze zu und verhindert bei den älteren Kindern Streitereien um die Sitzordnung.

Material: verschiedene Aufklebebilder in zweifacher Ausfertigung (in der Anzahl der Sitzmöglichkeiten), breites durchsichtiges Paketklebeband, Malkarton, Schere, Körbchen o. Ä.; evtl. Memory-Kärtchen

Die Spielleitung klebt auf jede Rücklehne des Krippenwagens ein anderes Aufklebebild. Sie überklebt das Motiv zum Schutz mit einem Streifen durchsichtigem Paketklebeband. Aus dem Malkarton werden Kärtchen geschnitten und darauf die identischen Aufklebebilder geklebt. Diese Kärtchen kommen in einen Korb.
Jedes Kind zieht ein Kärtchen aus dem Korb und setzt sich auf den so gekennzeichneten Sitzplatz.

Variante

Alternativ können auch Memory-Kärtchen verwendet werden.

Eine lange Schlange

🎵 Nr. 18

Ei-ne lan-ge, lan-ge Schlan-ge, oh, wie schön, oh, wie schön, wir
wol-len zu-sam-men spa-zie-ren gehn, wir
wol-len zu-sam-men spa-zie-ren gehn.

Alle fassen sich an den Händen und bilden eine lange Schlange:

Das Passende einsetzen: statt „zusammen spazieren gehen" „durch den Wald jetzt gehn", „an der Straße entlang gehn", „um den Platz jetzt gehn" usw. singen.

Rituale für besondere Gelegenheiten

Feste und Feiern sind Höhepunkte, die etwas Besonderes bieten. Auch die Kleinsten nehmen schon die positive Spannung wahr, die dadurch in der Luft liegt. Sie lieben es, gefeiert zu werden und im Mittelpunkt zu stehen. Wenn die Spielleitung mit Begeisterung dabei ist, überträgt sich die Freude auf die Kinder. Feste Rituale zu bestimmten Anlässen helfen den Kindern einzuordnen, aus welchem Grund gefeiert wird. Nicht nur Geburtstage sind eine gute Gelegenheit, besondere Minuten zu erleben, auch die Geburt eines Geschwisterkindes sowie verschiedene Feste in der Einrichtung für die ganze Familie bieten Anreize, Highlights zu gestalten.

Geburtstage

Ab dem 2. Geburtstag nehmen die Kinder bewusst war, dass die Feier für sie veranstaltet wird. Die meisten Kinder freuen sich darauf und genießen es, im Zentrum des Geschehens zu stehen. Der erste Geburtstag hingegen ist eher ein Fest für die Gruppe, die sich über den Geburtstag der Hauptperson freut.

Neben verschiedenen Ritualen am Geburtstag selbst, bietet es sich an, in der Einrichtung einen schön gestalteten Geburtstagskalender aufzuhängen: Er hängt das ganze Jahr in der Gruppe und zeigt den Erwachsenen und Kindern, wann welches Kind Geburtstag hat. Da der Kalender mit Fotos der Kinder gestaltet wird, zieht er das Interesse der Kinder auf sich. Am Geburtstag wird das Foto des Geburtstagskindes besonders hervorgehoben. Dieses Ritual zeigt, welches Kind heute gefeiert wird.

Jahreszeitenkalender

Ein Jahreszeitenkalender zeigt, in welcher Jahreszeit welches Kind Geburtstag hat.

Material: großer Papierbogen (ca. A3 bzw. je nach Kinderzahl auch größer), Stifte, Klettband, Schere, passende Symbole für die Jahreszeit, Digitalkamera, Fotos der Kinder, Glanzpapier

Die Spielleitung malt einen Kreis auf einen großen Papierbogen.
Den Kreis unterteilt sie in vier Teile.
In der Kreismitte lässt sie so viel Platz frei, dass dort das Foto des jeweiligen Geburtstagskindes Platz findet.
In jedes Viertel kommt ein passendes Symbol für die Jahreszeit (z. B. Foto von Blumen für den Frühling, der Sonne für den Sommer, von Blättern für den Herbst und eines Schneemanns für den Winter).

Die Spielleitung beschriftet jedes Kinderfoto mit dem Geburtsdatum des Kindes oder schreibt das Geburtsdatum auf einen Aufkleber, den sie auf das Foto klebt.
Die Fotos ordnet sie zusammen mit den Geburtsdaten der Kinder passend zu und befestigt sie mit beidseitigem Klettband. Das Klettband sorgt dafür, dass die Fotos abgenommen werden und in der Kreismitte angebracht werden können. Die Fotos aller Kinder sind das ganze Jahr über zu sehen. So kann die Spielleitung mit den Kindern immer wieder anschauen, wer in welcher Jahreszeit Geburtstag hat. Die Spielleitung bastelt passend zur Größe der Fotos eine Krone aus Glanzpapier und bringt auf der Rückseite ebenfalls Klettband an.

In der Mitte des Kreises befestigt sie ein Gegenband, auf dem das Foto des Geburtstagskindes sowie die Krone befestigt werden kann.
Wenn ein Kind Geburtstag hat, bringt die Spielleitung dessen Foto in der Kreismitte an und klettet die Krone darüber fest. So ist das Bild des Geburtstagskindes an seinem Ehrentag im Mittelpunkt. Danach wird es wieder an seinem alten Platz angebracht.

Geburtstags-Eisenbahn

Material: Geburtstagszug oder andere passende Eisenbahn mit Wagen in der Anzahl der Kinder, lufthärtende Knete, Eis- oder Lollistäbe o. Ä., Klebeband, von jedem Kind ein Foto, Aufkleber, Stift

Die Spielleitung beschriftet jedes Kinderfoto mit dem Geburtsdatum des Kindes oder schreibt das Geburtsdatum auf einen Aufkleber, den sie auf das Foto klebt.
An der Rückseite des Fotos bringt sie einen kleinen Stab an, indem sie ihn mit Klebeband befestigt. Sie formt aus der Knete kleine Bälle und drückt diese in die Kerzenhalter der Waggons. Dort hinein werden die Fotos der Kinder in der Reihenfolge ihrer Geburtstage gesteckt, pro Waggon ein Foto.
Wenn jemand Geburtstag hat, bekommt die Lokomotive eine besondere Dekoration (Schleifen, Blumengirlande o. Ä.) und der Waggon mit dem Foto des Geburtstagskindes wird direkt an die Lok angehängt.

„Adventskalender" für Geburtstage

Material: Jutesäckchen oder Schachteln, Leine oder Reifen, Kleber, Geschenkband

Für jedes Kind packt die Spielleitung ein kleines Geschenk in ein Säckchen.
Auf das Säckchen wird das Foto des Kindes mit dem Geburtsdatum geklebt.
Die Säckchen werden entweder an eine Leine im Raum gebunden oder an einen Reifen, der an der Decke angebracht wird. Statt der Säckchen können kleine beklebte Schachteln verwendet werden, die mit Geschenkband aufgehängt werden.
Das Geschenk wird zum Geburtstag überreicht.

Blumenkalender

Material: Krepppapier in verschiedenen Farben, Bleistift, Lineal, Schere, Bindfaden, Tesafilm, Digitalkamera, Foto des Geburtstagskindes, Stift, ggf. Aufkleber, Klettband, Balkonkasten, Steine, Blumenerde o. Ä., pro Kind ein Schmetterling (aus Bastel- oder Deko-Geschäft)

Die Spielleitung bastelt für jedes Kind aus Krepppapier eine Blume.

① Dafür schneidet sie von 2 verschiedenfarbigen Krepppapier-Rollen jeweils 10 cm ab.

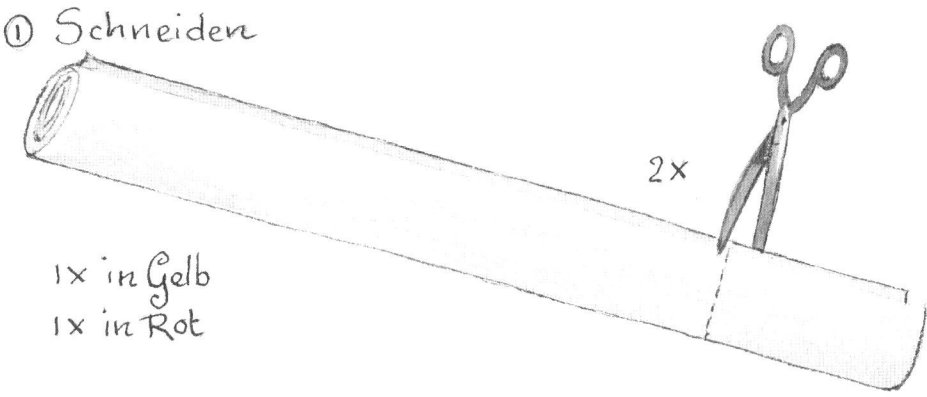

② Sie faltet jeden der Streifen im Abstand von etwa 6 cm wie eine Ziehharmonika zusammen.

③ Sie zeichnet ein Blütenblatt auf die Oberfläche.

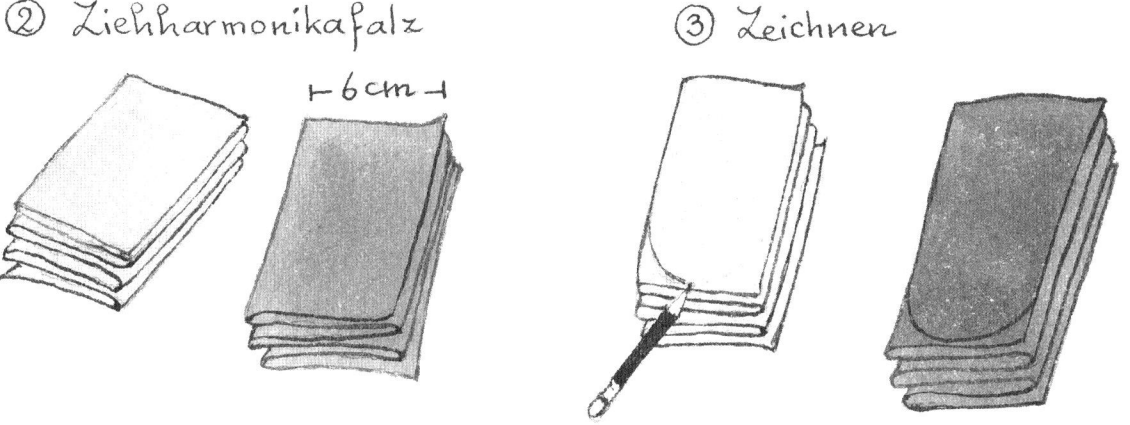

④ Sie schneidet es aus.
Achtung: Die Blätter müssen am Ansatz miteinander verbunden bleiben.

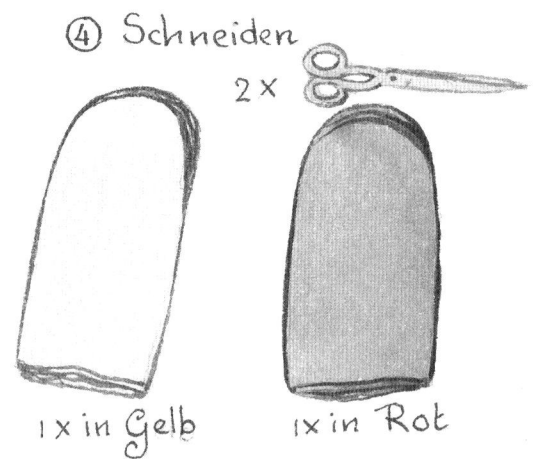

⑤ Die Spielleitung faltet die Blätter nun vorsichtig auseinander und rollt sie zusammen.

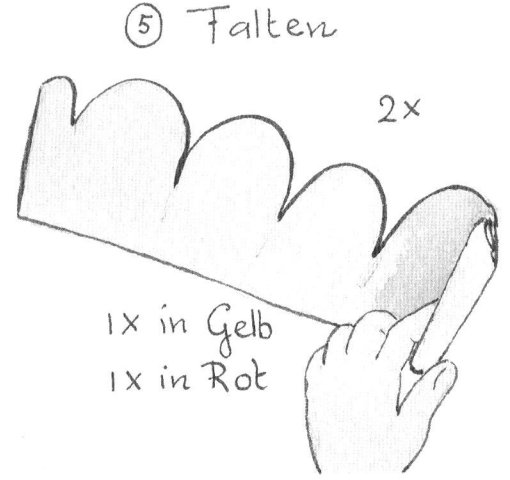

Anschließend stellt sie mit dem andersfarbigen Kreppstreifen ebenso einen Blattstreifen her.

⑥ Diesen wickelt sie um die erste Blüte und drückt dabei die eine Seite der Blüte zusammen.

⑦ Die Spielleitung knotet die Blume im unteren Teil mit einem Faden zusammen und ⑧ zupft anschließend die einzelnen Blätter auseinander.

⑨ Nun schneidet die Spielleitung einen etwa 30 cm × 10 cm großen grünen Kreppstreifen zu.

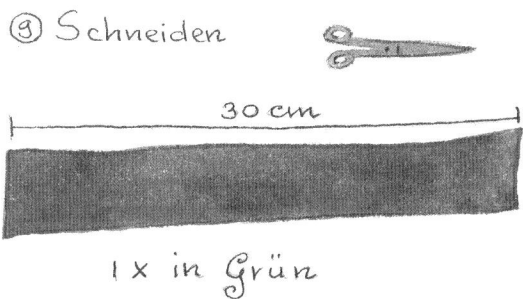

⑩ Diesen wickelt sie um den Blütenansatz und klebt ihn mit Tesafilm zusammen.
Sind die Blumen für alle Kinder fertig, kommt in die Mitte der Blüten jeweils das Foto eines Kindes mit dem Geburtsdatum. Das Geburtsdatum schreibt die Spielleitung entweder direkt auf das Foto oder sie klebt einen Aufkleber mit dem Geburtsdatum auf das Foto.
Aus den Blumen wird ein bunter Blumenkasten gestaltet. Dazu füllt die Spielleitung einen Blumenkasten (Balkonkasten o. Ä.) mit Steinen, Blumenerde o. Ä. und steckt die Blumen hinein. Wenn ein Kind Geburtstag hat, setzt sich ein schöner bunter Schmetterling auf die Blume. Dazu klebt die Spielleitung doppelseitiges Klebeband auf die Unterseite eines Deko-Schmetterlings. Sie lässt den Schmetterling zur Blume des Kindes flattern und klebt ihn an den Blütenrand. Den Schmetterling und die Blume darf das Kind mit nach Hause nehmen.

Rituale für die Geburtstagsfeier

Material: Dekoration für den Raum und den Tisch (z. B. Luftballons, Girlanden, LED-Kerzen, Kerzenhalter, Servietten, Blumenkranz, glänzender Stoff, Foto des Geburtstagskindes), ggf. Trommeln und Schlägel, Schere, Stift, Geburtstagskrone oder -medaille (Pappe, goldenes Glanzpapier, Tusche, Pinsel, Band), Wunderkerze, Streichhölzer, Spieluhr (z. B. mit Melodie „Happy Birthday"), Geburtstagslied von CD (→ Nr. 19–21), „Schatztruhe" oder bunte Schachtel

Dekoration

- Die Spielleitung schmückt den Raum festlich mit Luftballons, Girlanden u. Ä.
- Sie dekoriert den Esstisch z. B. mit LED-Kerzen, besonderen Servietten und einem Blumenkranz um den Platz des Kindes.
- Die Mitte des Sitzkreises gestaltet sie mit einem glänzenden Stoff. Darauf kommen die Geburtstagskerzen (LED-Teelichter in hübschen Behältern o. Ä.)
- An die Eingangstür kann zudem ein Foto des Geburtstagskindes gehängt werden, das ebenfalls festlich geschmückt wird.
- Das Kind bekommt für diesen Tag einen besonderen Geburtstagsstuhl, der nur Geburtstagen vorbehalten ist. Alternativ kann auch eine Stuhlhusse zum Einsatz kommen, die nur an Geburtstagen über den Stuhl gezogen wird.

Die Feier

Die Spielleitung stellt je nach Gruppenstruktur einen Programmablauf zusammen. Dieser bleibt für alle Geburtstagsfeiern gleich und bildet somit ein festes Geburtstagsritual.

Mögliche Programmpunkte:

- Die Spielleitung holt das Geburtstagskind feierlich in den Raum, in dem bereits alle Kinder im dekorierten Sitzkreis sitzen. Es wird mit einem Lied oder Musik begrüßt (→ CD, Nr. 19–21).
- Alle Kinder erhalten von der Spielleitung eine Trommel und begrüßen das Geburtstagskind mit einem Trommelwirbel.
- Alle Kinder applaudieren dem Geburtstagskind beim Reinkommen.
- Das Geburtstagskind bekommt eine Krone, darf sie ansehen und – wenn es möchte – aufsetzen.
- Die Spielleitung hängt dem Geburtstagskind eine Geburtstagsmedaille um. Dazu bemalt die Spielleitung vorab eine runde Pappscheibe von beiden Seiten mit goldener Farbe. Ältere Kinder können beim Bemalen der Medaille helfen. Die Spielleitung schreibt das Alter des Kindes darauf und bringt ein Band zum Umhängen an.

Achtung: Das Band wird so kurz gemacht, dass keine Strangulierungsgefahr beim Spielen besteht.

- Die Spielleitung zündet eine Wunderkerze für das Kind an. Solange sie brennt, spielt eine Spieluhr (evtl. „Happy Birthday") oder eine Melodie von CD (→ CD, Nr. 19–21).
- Ab dem 2. Geburtstag können die Kinder aussuchen, ob sie mit der Gruppe ein Lied singen, Musik hören, ein Spiel oder ein Fingerspiel (→ S. 66) machen möchten. Sie sind die „Bestimmer" an diesem Tag und können das ganze Tagesprogramm mit gestalten.
- Nach einem Geburtstagslied macht die Spielleitung die Kerzen feierlich aus.
- Falls das Kind ein kleines Geschenk bekommt, wird dieses vorab so verpackt (Schatztruhe, bunte Kiste o. Ä.), sodass das Auspacken für das Kind besonders spannend ist.

Hinweis: In vielen Einrichtungen ist es üblich, dass die Eltern zum Geburtstag Kuchen, Süßigkeiten u. Ä. mitbringen. Dies ist für Kleinstkinder nicht besonders geeignet. Auch mit kleinen Geschenken für jedes Kind tun sich viele Eltern schwer. Eine Alternative ist es, dass Eltern stattdessen ein Bilderbuch o. Ä. für die ganze Gruppe spenden, das zum Geburtstag vorgelesen wird und dann einen Platz in der Gruppenbibliothek findet. Das ist für alle Kinder ein Gewinn.

Weil du heut Geburtstag hast

🎵 Nr. 19

Weil Du heut Geburtstag hast, freuen wir uns sehr.
Weil Du heut Geburtstag hast, komm schnell zu uns her.
Dass Du heut Geburtstag hast, ist für uns der Hit.
Dass Du heut Geburtstag hast, feiern alle mit.

Gemeinsam feiern heute wir

Nr. 20

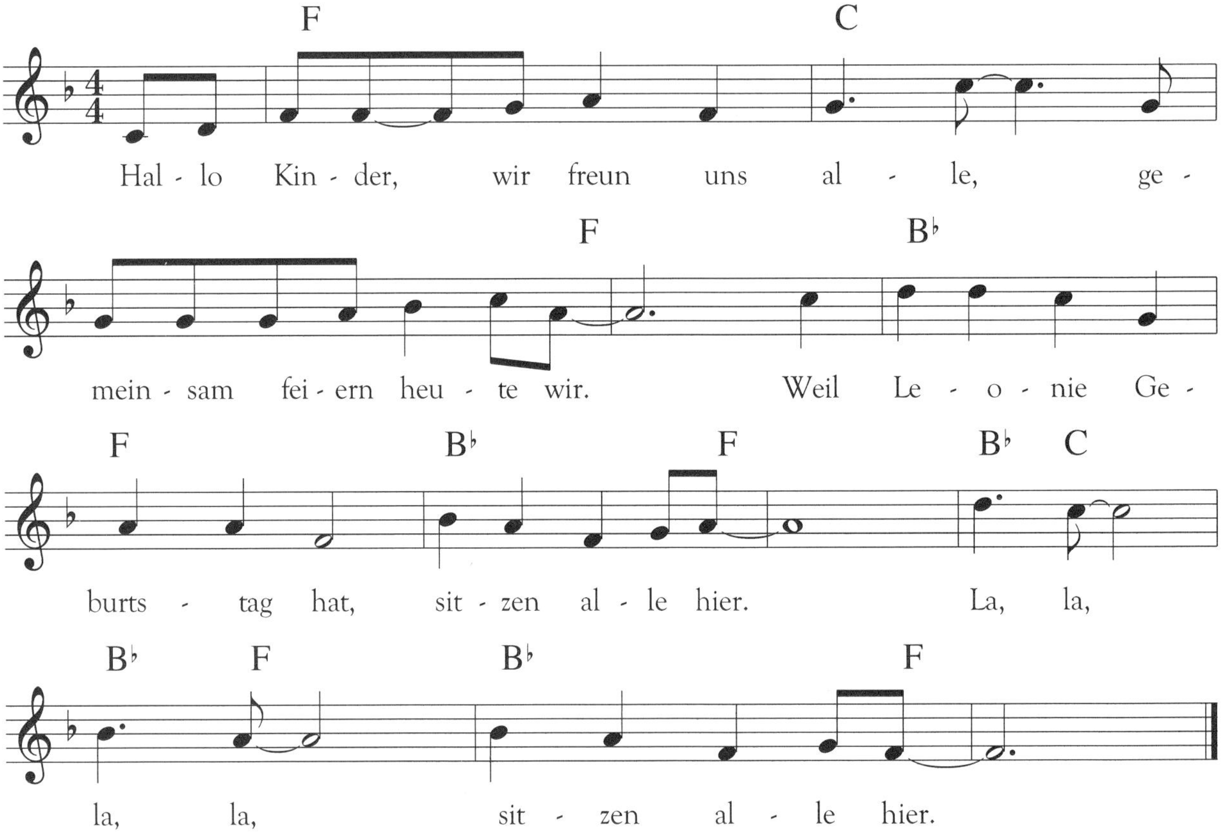
F C
Hal - lo Kin - der, wir freun uns al - le, ge -
F B♭
mein - sam fei - ern heu - te wir. Weil Le - o - nie Ge -
F B♭ F B♭ C
burts - tag hat, sit - zen al - le hier. La, la,
B♭ F B♭ F
la, la, sit - zen al - le hier.

An der entsprechenden Stelle wird der jeweilige Name des Geburtstagskindes eingesetzt.

Weitere Verse: „*… klopfen alle hier …*“, „*… klatschen alle hier …*“, „*… tanzen alle hier …*“ usw.

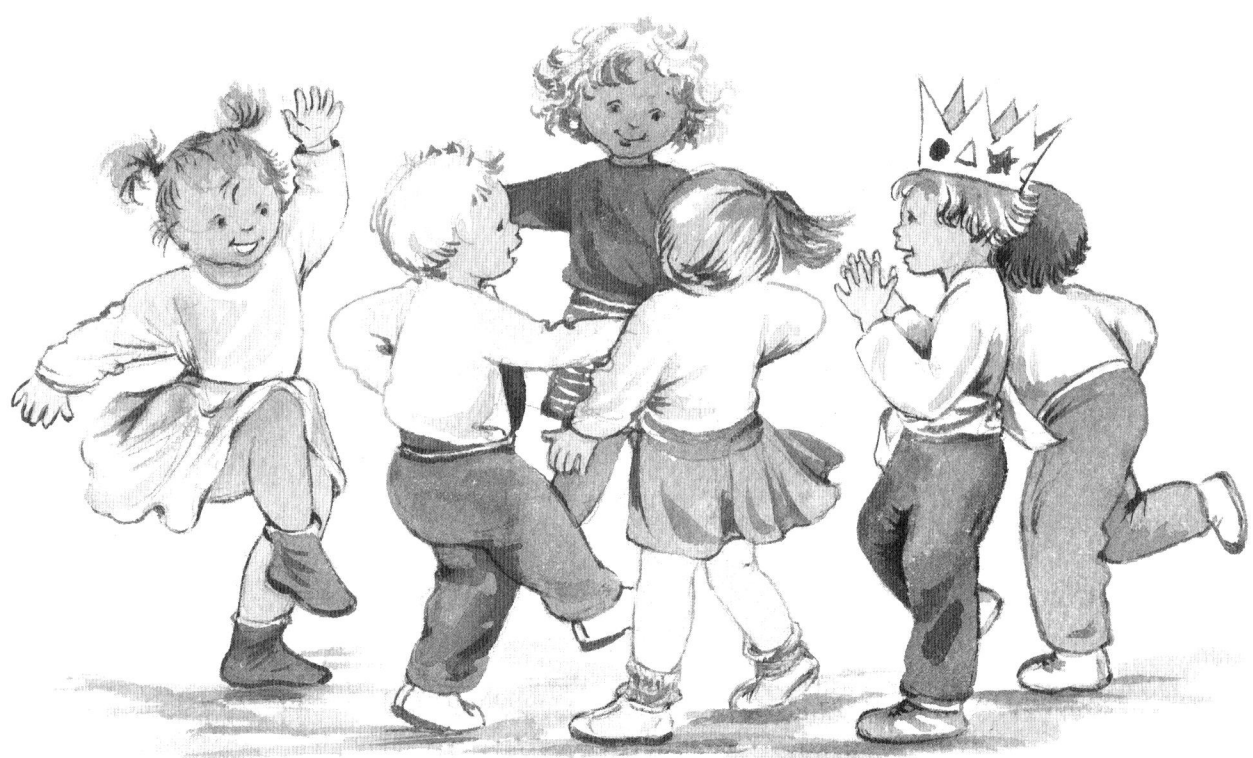

Warum wir heute feiern

Nr. 21

Warum wir heute feiern,
das ist wohl jedem klar.

Leander hat Geburtstag
nur einmal im Jahr.

Namen einsetzen.

Das ist ein Grund zur Freude,
zwei Jahre ist er heute.

Alter einsetzen.

Supergroße Riesenfreude!
1, 2 Jahre ist er heute.
Supergroße Riesenfreude!
1, 2 Jahre ist er heute.

Passend zählen.
Zum ersten Geburtstag:
„1 Jahr, das ist er heute."

Fünf Finger, die sind heute hier
(Fingerspiel)

Die Spielleitung spielt das folgende Fingerspiel mit dem Geburtstagskind:

Fünf Finger, die sind heute hier,	Finger einer Hand zeigen.
und gratulieren zum Geburtstag dir.	Finger bewegen.
Der Erste tanzt und singt dazu:	Daumen tanzen lassen.
„Happy Birthday to you".	Singen.
Der Zweite nickt dir fröhlich zu.	Zeigefinger nickt.
Der Dritte streichelt dich ganz sacht.	Kind mit Mittelfinger streicheln.
Der Vierte hat dir ein Küsschen mitgebracht.	Fingerkuppe des Ringfingers sanft auf die Wange drücken.
Der Fünfte kommt noch schnell gerannt und reicht dir mit allen Fingern die Hand.	Kleinen Finger schnell bewegen. Kind die Hand reichen.
Jeder Finger sagt dir, dass er dich mag, und wünscht dir einen wunderschönen Tag.	Zu jeder Silbe jeden Finger einzeln zweimal auf die Hand des Kindes tippen und zum Schluss mit der Hand winken.

Ein Geschwisterchen

Die Geburt eines Geschwisterkindes ist ein großer Einschnitt im Leben eines Kindes. Es muss nach der Geburt Liebe, Zeit und Aufmerksamkeit der Erwachsenen mit dem neuen Baby teilen. Damit das Kind diesen Verlust gut übersteht, sollte es gründlich auf die Ankunft des Geschwisterchens vorbereitet werden. Dabei unterstützt die Spielleitung die Familie des Kindes mit Ritualen, die mit den Eltern abgesprochen sind und die Vorfreude auf das Geschwisterchen erzeugen.

Bücher zum Geschwisterthema

Material: Buch passend zum Thema (z. B. Sabine Kraushaar, Sonja Fiedler: Mama, Papa, ich und du: Ein Geschwisterchen kommt., Oettinger 2005; Thomas Svensson: Was macht das Baby in Mamas Bauch, Ellermann, 2012; Anna Pfeiffer, Ulla Bartl: Mein Geschwisterchen-Buch, arsEdition 2010)

Die Spielleitung schaut mit dem Kind wiederholt ein Bilderbuch zum Thema „Geburt eines Geschwisterchens" an und spricht mit ihm über die Situation, seine Vorfreude, aber auch seine Sorgen.

Ich-freue-mich-auf-das-Baby-Collage

Material: Malkarton A3, Stifte, Fingerfarben, Schere, Kleber, Kataloge

Die Spielleitung erklärt dem Kind, dass es ein „Ich-freue-mich-auf-das-Baby"-Bild machen darf. Das Kind bemalt den Malkarton.
Gemeinsam mit der Spielleitung sucht es in Katalogen nach Dingen, die das Baby brauchen wird.
Diese schneidet die Spielleitung aus und das Kind klebt sie auf.

In die Mitte wird ein Baby-Bild geklebt, das später durch ein Foto des echten Babys ersetzt wird. Das Bild wird im Gruppenraum so aufgehängt, dass es das Kind immer wieder betrachten kann.

Geschenke für das Baby

Material: Schatztruhe für Geschenke (z. B. glänzende Dose, beklebter Schuhkarton o. Ä.)

Die Spielleitung bittet die Eltern, mit dem Kind zu besprechen, welche eigenen Spielsachen es seinem Geschwisterchen abgeben möchte. Diese bringt es mit in die Gruppe und zeigt sie den anderen. Die Geschenke kommen in eine Schatztruhe o. Ä. Gemeinsam mit dem Kind schaut die Spielleitung die Geschenke immer mal wieder an.

So groß ist das Baby jetzt

Material: Papier, Schere, Farben, Stifte, Tapetenbahn, Kleber

Die Spielleitung malt Babyumrisse in vier verschiedenen Größen auf Papier.
Die Größe entspricht in etwa der Größe eines ungeborenen Babys:

- 20. Woche = 25,5 cm
- 30. Woche = 40 cm
- 35. Woche = 46 cm
- 40. Woche = 51 cm

Das Kind malt die „Babys" an und die Spielleitung schneidet sie anschließend aus. Gemeinsam kleben sie die Babys der Größe nach auf ein Stück Tapetenbahn.
Anhand dieses Bildes spricht die Spielleitung immer wieder mit dem Kind und der Gruppe über das Baby, steigert die Vorfreude. Das Kind kann so besser nachvollziehen, dass es noch etwas dauert, bis sein Geschwisterchen geboren wird.

Variante
Die ganze Gruppe wird in die Gestaltung einbezogen und darf die „Babys" mit anmalen.

Hurra, das Baby ist da

Material: Babyfoto, Zutaten für Muffins oder Obstsalat, Große-Schwester- bzw. Großer-Bruder-Orden, Willkommenskarte

Es gibt verschiedene Möglichkeiten, die Ankunft des Babys in der Gruppe zu feiern:
- Die Spielleitung hängt ein Foto des Babys gut sichtbar für alle Kinder auf.
- Eine besondere Mahlzeit findet statt. Das frisch gebackene Geschwisterkind hilft bei den Vorbereitungen. (Beispiel: „Große-Schwester"-Muffins, „Großer-Bruder-Obstsalat"). Das gibt dem Kind die in der Situation benötigte Aufmerksamkeit und unterstreicht seinen neuen Status positiv.
- Das „große" Kind bekommt einen „Große-Schwester"- bzw. „Großer-Bruder"-Orden.
- Das Kind bastelt eine Karte für das Baby.
- Das Baby kommt zu Besuch.

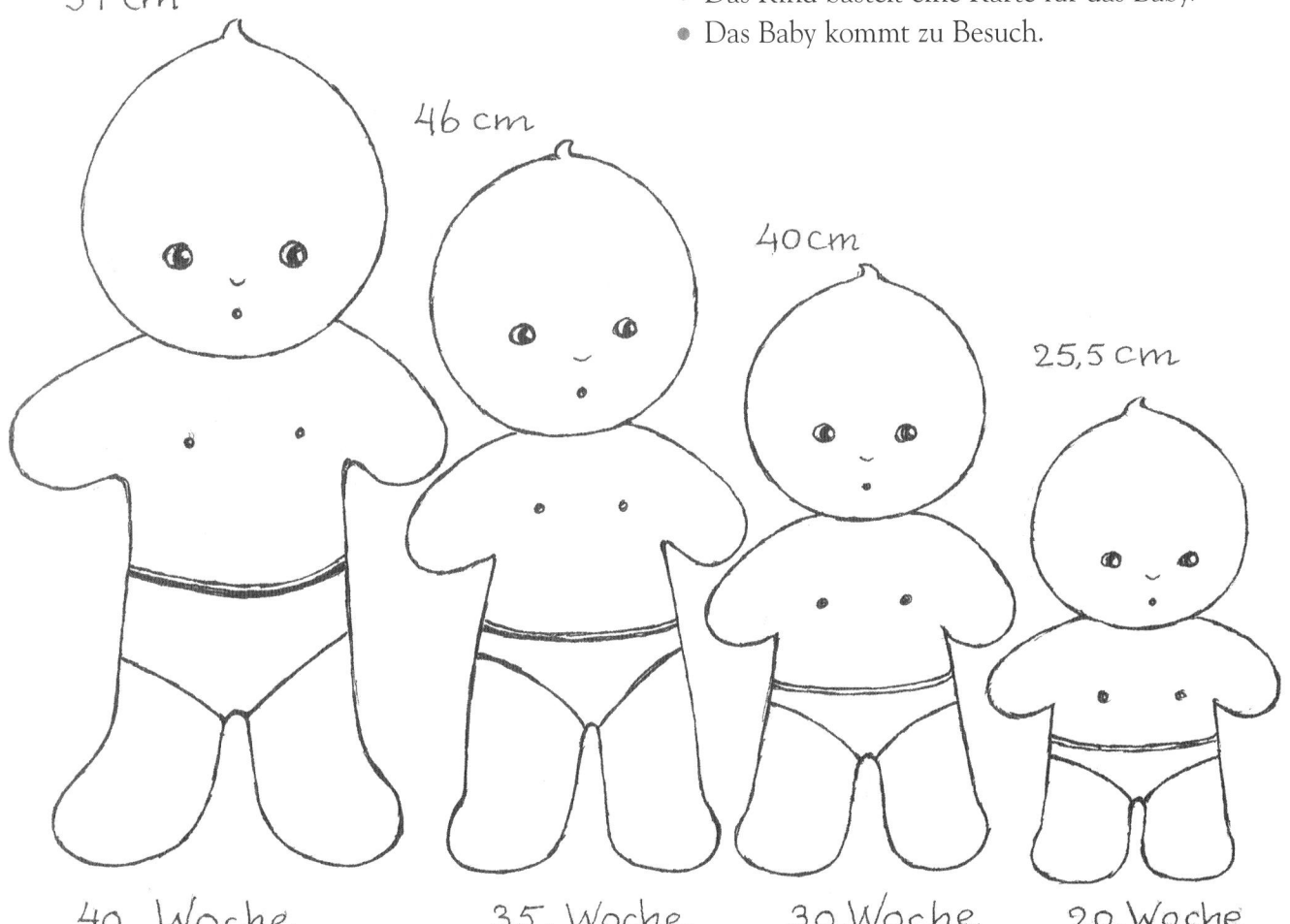

Gruppenfeste und -aktionen mit Familie

Gemeinsame Feste und Aktionen mit der Familie in der Einrichtung sind etwas ganz Besonderes und bieten eine gute Gelegenheit, einander besser kennen zu lernen.
Darüber hinaus vermitteln Feste und Aktionen mit Eltern, Geschwistern, Großeltern usw. den Kindern, dass ihr gesamtes soziales Umfeld eine Einheit ist und alle zusammengehören.

Sommerfest

Ein jährliches Sommerfest mit allen Familien ist ein schönes Ritual, bei dem die Eltern mit einbezogen werden.

Material: Getränke und Essen ggf. auch von den Eltern; für die Spielstationen: Holzstäbe, Faden, Magnete, doppelseitiges Klebeband, Schere, Bausteine, große magnetische Büroklammern, Kartons oder Eimer, Dosen, Tisch, Bälle, Bobby-Cars, Seile, Kriechtunnel, Stühle, Tische u. Ä., Sandspieleimer, Schöpfkellen, Kuscheltiere u. a.

Außer Essen und Trinken werden Spielstationen angeboten. Die einfachen Spiele können auch von Kleinstkindern bewältigt werden. Die Kinder lieben es, wenn die Spielstationen jährlich wieder angeboten werden.

Ideen für Spielstationen:

- **Angelspiele**
Für das Angelspiel pro Angel ein Stück Faden in 50 cm Länge zurechtschneiden. Das eine Ende an einen Holzstab binden. Am unteren Fadenende einen großen Magneten anknoten. Mit doppelseitigem Klebeband große magnetische Büroklammern auf Bausteine (Holzbausteine o. Ä.) kleben. Die Bausteine in einen Karton oder Eimer legen. Die Kinder angeln diese mit den Angeln heraus.

- **Dosenwerfen**
500-ml-Dosen werden pyramidenförmig auf einem niedrigen Tisch übereinandergestapelt. Dazu werden drei Dosen in der untersten Reihe übereinandergestellt, in der darüber zwei und schließlich oben noch eine. Auch ein Aufbau mit 5 – 4 – 3 – 2 – 1 Dosen ist möglich. Anschließend wird die Dosenpyramide mit etwa tennisballgroßen Bällen beworfen, um sie zum Einstürzen zu bringen.

- **Bobby-Car-Rennen**
Mit Seilen eine Start- und eine Ziellinie legen. Die Kinder fahren diese Strecke ab.

- **Kriechparcours**
Mit einem Kriechtunnel, Stühlen, Tischen u. a. einen Kriechparcours bauen, durch den die Kinder krabbeln.

- **Sachentransport**
Die Kinder transportieren mithilfe von Sandeimern und anderen Behältern, großen Schöpfkellen u. Ä. Gegenstände (z. B. Bausteine, kleine Plüschtiere) von einem Behälter zu einem anderen.

Bei allen Spielen geht es nicht um das Gewinnen, sondern um den Spaß am Spiel. Bei den kleinen Kindern werden daher auch keine Erfolge gezählt.

Tipps:
- Es wird ein großer aufblasbarer Pool aufgestellt und mit Babyspielsachen bestückt. Eine Betreuerin oder ein Betreuer beaufsichtigt dort die Babys. Das entlastet Eltern.
- Wenn KollegInnen aus einer anderen Gruppe oder Einrichtung die Betreuung der Spielstände, Küchenarbeit u. a. übernehmen, bleibt den BetreuerInnen der Kindergruppe mehr Zeit für Gespräche mit den Eltern. Sie können sich im Gegenzug bei einer Veranstaltung der KollegInnen revanchieren.

Großelternfest

Großeltern spielen im Leben der Familien oft eine entscheidende Rolle.
Werden sie in die Betreuungseinrichtung mit einbezogen, wirkt sich das positiv auf das gesamte Bezugssystem aus. Öfter stehen Großeltern einer Fremdbetreuung des Kindes skeptisch gegenüber. Eine Einladung zu einem Großelternfest hilft, Vorurteile abzubauen, und zeigt, dass die Enkelkinder in der Gruppe gut aufgehoben sind.

Material: Getränke und Essen ggf. auch von den Großeltern, Bücher und Spielzeug aus der Einrichtung, ggf. Musikinstrumente

An einem solchen Tag müssen keine großen Aktionen stattfinden, da das Wichtigste das Kennenlernen und Miteinander ist. Nach einer Mahlzeit, zu der die Gäste sicher gern etwas beisteuern, findet das gemeinsame Freispiel in der Gruppe statt.

So können Großeltern vorlesen, mitspielen, bauen, turnen und vieles mehr.

Der Morgenkreis wird wie üblich durchgeführt, nur dass auch die Großeltern mit im Kreis sitzen. So erleben sie ein Stück gestalteten Alltag mit. Zum Abschied musizieren die Betreuer, Kinder und Gäste. Je nach Alterszusammensetzung der Kindergruppe führen die Kinder und Betreuer einen kleinen Tanz vor, trommeln oder singen.

Papa-Kind-Feste oder -aktionen

Väter spielen eine wichtige Rolle im Leben von Kleinstkindern. Bei Elternabenden oder anderen Elternveranstaltungen sind meistens mehr Mütter als Väter anwesend. Das bedeutet aber nicht, dass Väter an ihren Kindern desinteressiert sind, sich mit Erziehungsfragen nicht befassen möchten oder die Einrichtung generell meiden wollen.

Eine bessere Beteiligung von Vätern wird bei reinen Vater-Kind-Aktionen erreicht. Väter zu integrieren, ist ein wichtiger Beitrag zur Förderung der gemeinsamen Erziehungsverantwortung von Eltern.

Werden Väter je nach Interessen, Hobbys oder Beruf eingebunden, profitieren alle Seiten stark davon. So kann ggf. ein Musikinstrument vorgeführt werden, ein gemeinsames kreatives Werk entstehen, gemeinsam geturnt, ein Spielplatz besucht werden und vieles mehr.

Familienausflug

Ein jährlich stattfindender Ausflug mit den Familien ist ebenfalls ein Ritual, dass dazu beiträgt, das gegenseitige Vertrauen zu stärken. Dafür bietet sich ein Wald, Tierpark o. Ä. an.

Sicher finden sich dafür Eltern, die bereit sind, die Organisation zu übernehmen, sodass die BetreuerInnen entlastet sind.

Rituale zu Entwicklungsschritten

Kinder lieben die knisternde Spannung, die in der Luft liegt, wenn gefeiert wird. Entwicklungsschritte sind ein guter Anlass, mit der ganzen Gruppe zu feiern. Auch wenn die Jüngsten den Inhalt des Festes noch nicht verstehen können, stärken diese Feste den Zusammenhalt der Gruppe und die Kinder lernen, Anteil am Anderen zu nehmen. Sie vergleichen sich mit dem gefeierten Kind und die Freude an dem, was sie auch schon können, stärkt ihr Selbstbewusstsein. Bei jedem entsprechenden Anlass wird die Feier wiederholt.

Ein neuer Zahn

Kinder unter drei Jahren zahnen häufig und oft ist es auch eine schmerzhafte Angelegenheit. Umso schöner ist ein kleines Fest, wenn der Zahn endlich durch ist.

Zahnkalender

Material: ein Zahnkalender und Foto pro Kind, Kleber, Stift

Die Spielleitung stellt für jedes Kind einen Zahnkalender her. Dazu für jedes Kind die nachfolgende Kopiervorlage auf Seite 73 ausdrucken. In die Mitte klebt sie ein Foto des Kindes. Die vorhandenen Zähne werden bunt angemalt. Wenn das Kind einen neuen Zahn bekommen hat, darf es aussuchen, mit welcher Farbe der neue Zahn angemalt werden soll. In die Spalten trägt die Spielleitung das jeweilige Datum ein. Verlässt ein Kind die Gruppe, erhält es auch diesen Kalender.

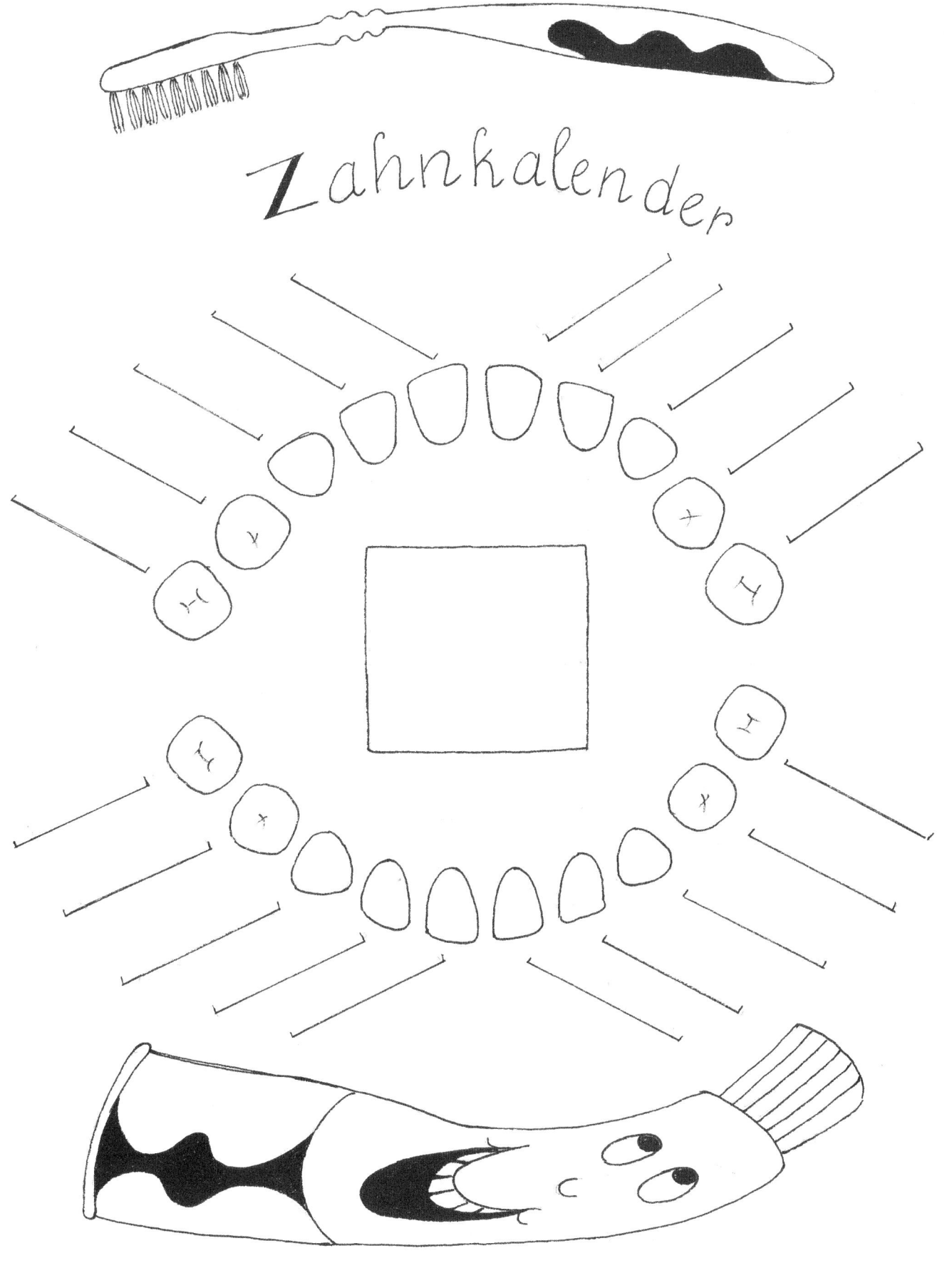

Der Zahn ist da (Vers)

Hat ein Kind einen neuen Zahn bekommen, versammeln sich alle Kinder im Sitzkreis und die Spielleitung spricht folgenden Reim:

Hurra, hurra,
der Zahn ist da.

Alle reißen ihre Arme hoch.

Weiß und gesund
lacht er aus deinem Mund.

Alle lachen laut.

Noch ist er ganz winzig klein,
doch bald schon wird er
größer sein.

Alle zeigen mit zwei Fingern klein an.
Alle heben ihre Hand über den Kopf, um groß anzuzeigen.

Dann ist er ein starker Zahn,
der viel und kräftig beißen kann.

Alle ballen die Hände zu Fäusten und winkeln die Arme nach oben an.

Schnurps-Party

Material: je nach Alter verschiedene Lebensmittel

Alle feiern gemeinsam mit dem Kind das Zahnfest. Für Kinder ab ca. einem Jahr gibt es folgende Lebensmittel zum Kauen: Reiswaffeln, Dinkelstangen, Bananen, Brot u. Ä. Für die älteren Kinder auch Apfelstücke, Möhren, Zwieback u. Ä.

Das Gebiss

Material: Zahnpflegemodell (evtl. von einem Zahnarzt ausleihen), Zahnbürsten

Die Spielleitung holt ein Zahnpflegemodell heraus. Alle gemeinsam suchen sie den Zahn, den das Kind bekommen hat. Anschließend putzen die Kinder alle Zähne des Modells.

Variante
Die älteren Kinder erkunden, welche Zähne sie selbst schon haben.

Erste Worte und erste Schritte

Die ersten Worte und Schritte eines Kindes kennzeichnen wichtige Entwicklungsabschnitte im Leben des Kindes. Sie sind ein großer Schritt in Richtung Unabhängigkeit, da sie es dem Kind mehr und mehr ermöglichen, ihre Umgebung selbstständig zu erkunden und sich zunehmend mit anderen Menschen über eigene Bedürfnisse und Wünsche zu verständigen.

Sind die ersten Schritte am Anfang noch etwas wacklig, werden sie schnell immer sicherer. Etwa acht Wochen nach den ersten Versuchen können die meisten Kinder schon richtig gut gehen. Mit 16 Monaten sind etwa 90 Prozent aller Kleinstkinder in der Lage zu laufen.

Erste-Worte-Poster

Material: Papier A3, Filzstift; evtl. Fotos (z. B. von den Müttern, Ball, Auto)

Die Spielleitung hängt einen großen Bogen Papier an die Wand. Sobald ein Kind sein erstes Wort spricht, wird dieses mit dem Namen des Kindes auf dem Poster notiert. Gegebenenfalls werden auch die Eltern gefragt. Von Zeit zu Zeit versammelt sich die ganze Gruppe vor dem Poster und erinnert sich, welches das erste Wort jedes Kindes war.

Varianten

- Die Worte werden vorgelesen und die Kinder sprechen sie nach.
- Das Poster wird passend illustriert (Beispiele: Mama = Foto der Mutter, Ball = Bild eines Balls usw.)

Papagei-Lied

Nr. 22

Material: evtl. Papageien-Handpuppe

Die Spielleitung spricht mit den Kindern darüber, welches Wort das Kind nun sprechen kann. Dann singt sie den ersten Vers.

Dupp, dupp, duppi, duppdei, singt fröhlich der Papagei. Dupp, dupp, duppi, duppdei, singt der Papagei.	Abwechselnd mit den Händen zu den Seiten klatschen.
1. *Und wenn die Mia sagt: Mama.*	Namen einsetzen, das Wort „Mama" sprechen.
Dann sagt der Papagei: Mama.	Mit Papageienstimme das Wort sprechen.

Anschließend dürfen weitere Kinder Worte vorschlagen, die gesungen werden. Dazu wird immer das Kind genannt, welches das Wort gesprochen hat.

Variante

Lied mit Papagei-Handpuppe singen, diese tanzt dazu und „spricht" das Wort des Kindes nach.

Füße-Feier

Mit einem Feierritual sensibilisiert die Spielleitung die Gruppe, auf die neu erworbene Fähigkeit des Kindes – die ersten Schritte – zu achten, sich mit zu freuen und achtsam mit dem Kind umzugehen.

Material: für gebackene Füße (Waage, Plastikschale, Klarsichtfolie, Kuchenrolle, fußförmiger Ausstecher für Plätzchen, Backofen), für die Fußabdrücke (Papierbögen A3, Fingerfarbe, Schere), festliche Tischdekoration (z. B. LED-Kerzen, Blumen, Servietten u. a.)
Zutaten: 300 g Mehl, 200 g kalte Butter, 100 g Puderzucker, 2 Eigelb, 1 kleine Prise Salz, 1 Tütchen Vanillezucker (gegebenenfalls verdoppeln)

Gebackene Füße

Zur Füße-Feier backt die Spielleitung gemeinsam mit den älteren Kindern einen Kuchen, der die Form von Füßen hat. Dazu stellen sie einen Mürbeteig her.
Gemeinsam wiegen alle die Zutaten ab.
Alle Zutaten werden rasch zu einem Teig geknetet.
Dann muss er in eine Klarsichtfolie eingewickelt mindestens eine halbe Stunde im Kühlschrank rasten.
Den Teig rollen die Kinder anschließend aus und stechen mit einem Ausstecher in Fußform die Füße aus.
Die Füße werden dann im Backofen auf 170° ca. 12–18 Minuten gebacken.

Fußabdrücke

Die Spielleitung legt große Papierbögen auf dem Boden aus.
Sie pinselt die Füße der Kinder mit Fingerfarbe an und die Kinder machen mit jedem Fuß einen Fußabdruck auf den Bogen.
Ist die Farbe getrocknet, schneidet die Spielleitung alle Fußabdrücke aus und dekoriert damit den Raum.

Feier

Die Spielleitung schmückt den Tisch festlich, die gebackenen Füße stehen auf dem Tisch. Die Hauptperson darf als Erstes zum Tisch gehen und zeigen, wie sie gehen kann.

Füße-Lied

Nr. 23

Gemeinsam singen alle das Lied. Die älteren Kinder, die bereits gehen können, machen nachfolgende Bewegungen passend zum Text:

1. Mei - ne Fü - ße kön - nen ge - hen, ge - hen hin und her.

Mei - ne Fü - ße kön - nen ge - hen, ge - hen ist ja gar nicht schwer.

2. Meine Füße können gehen,   Am Platz gehen.
gehen hin und her.   Hin und her gehen.
Meine Füße können gehen,
gehen ist ja gar nicht schwer.

3. Meine Füße können gehen,   Am Platz gehen.
vor und zurück.   In die Mitte und
Meine Füße können gehen,   zurück gehen.
gehen noch ein kleines Stück.

4. Meine Füße können gehen,   Am Platz gehen.
gehen rundherum.   Im Kreis gehen.
Meine Füße können gehen,
fallen dabei gar nicht um.

5. Meine Füße wolln nun liegen,   Hinsetzen.
zappeln noch herum.   Mit Füßen zappeln.
Meine Füße wolln nun liegen,
darum fallen beide um.   Füße zur Seite fallen lassen.

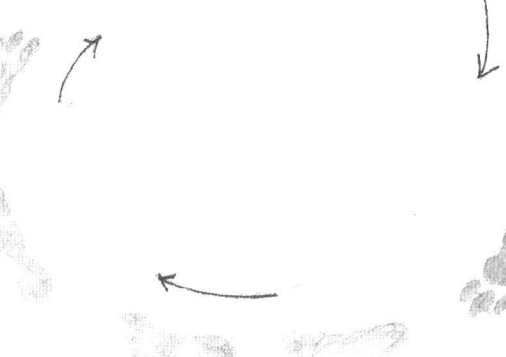

Schnuller- und windelfrei

Die Entwöhnung vom Schnuller und der Windel stellt einen weiteren Meilenstein in der Entwicklung des Kindes dar. Es lernt, sich ohne äußere Hilfsmittel zu beruhigen und seine Körperausscheidungen zu kontrollieren.

Dabei sollten Kinder spätestens bis zum 24. Lebensmonat vom Schnuller entwöhnt werden, da das weitere Nuckeln zu Zahn- und Kieferfehlstellungen sowie daraus folgend zu Sprachfehlern führen kann.

Da der Schnuller für die meisten Kinder für längere Zeit ein ständiger Wegbegleiter ist, sollte man bei der Entwöhnung behutsam vorgehen und das Kind langsam aber stetig davon lösen. Rituale sind eine Hilfe bei dieser Entwöhnung. Die Spielleitung bespricht mit den Eltern, wann und wie die Entwöhnung auch in der Einrichtung stattfinden soll.

Es gibt kein festes Alter, ab dem ein Kind trocken wird. Die meisten Kleinkinder entwickeln die Fähigkeiten zwischen dem 19. und 25. Lebensmonat. Kinder müssen erst die Fähigkeit erlangen, ihren Harndrang bewusst wahrzunehmen. Auch die Sauberkeitserziehung muss unbedingt in Zusammenarbeit mit den Eltern erfolgen.

Schnuller-Tauscher

Material: Geschenkpapier, Klebeband, Austauschgeschenk (z. B. kleine Rassel, Minibilderbuch u. Ä.)

Die Spielleitung erklärt dem Kind, dass der Schnuller-Tauscher kommt und dass es als Ersatz für seinen Schnuller einen anderen Gegenstand erhält.

Das Kind packt den Schnuller gemeinsam mit der Spielleitung in Geschenkpapier ein und legt ihn vor die Tür. Später entdecken sie zusammen ein ebenfalls in Geschenkpapier gepacktes Geschenk für das Kind.

Schnullerbaum

Ein Schnullerbaum hilft dem Kind dabei, sich von seinem geliebten Schnuller zu trennen, da es die sonst eher problematische Trennung mit einem schönen Erlebnis verbindet. Es kann den Schnullerbaum immer wieder besuchen und seinen Schnuller dort hängen sehen. Eine weitere Hilfe ist es, dass es sieht, dass auch andere Kinder ihren Schnuller abgegeben haben.

Material: wasserfester Stift, wetterfeste bunte Bänder o. Ä; evtl. Austauschgeschenke (z. B. kleine Rassel, Minibilderbuch u. Ä.)

Die Spielleitung erklärt einen Baum im Außengelände zum Schnullerbaum.

Sie schreibt den Namen des Kindes und das Datum mit einem wasserfesten Stift auf den Schnuller. Gemeinsam mit dem Kind wird der Schnuller mit einem wetterfesten Band feierlich an den Baum gehängt.

Variante

Die Spielleitung dekoriert den Schnullerbaum mit wetterfesten Bändern o. Ä. und hängt ein kleines Geschenk für das Kind in den Baum. Gemeinsam mit dem Kind tauscht sie den Schnuller durch das Geschenk aus.

Schnullerbett

Material: Unterteil einer Schachtel (z. B. von Pralinen), buntes Papier, Klebestift, Schere, Stoffreste, Kleber

Die Spielleitung beklebt gemeinsam mit dem Kind eine Schachtel mit buntem Papier.
Sie schneidet aus Stoffresten ein „Kopfkissen" und eine „Decke" zu und legt diese in die Schachtel.
Zum Ausruhen legt das Kind seinen Schnuller immer wieder in dieses Schnullerbett.
Diese Ausruhzeit wird nach und nach immer mehr verlängert.
Um das Kind auch beim Schlafen vom Schnuller zu entwöhnen, stellt die Spielleitung das Schnullerbett direkt neben das Bett des Kindes, sodass es den Schnuller sehen, aber nicht benutzen kann.
Wenn das Kind sich daran gewöhnt hat, ohne den Schnuller zu sein, klebt die Spielleitung Schnuller, Kissen und Decke in dem „Bett" fest und bringt das so entstandene „Schnuller-Bild" an der Wand im Schlafraum an.

Ab heute windelfrei

Wenn das Kind weitestgehend trocken ist, wird dies mit Ritualen unterstützt.

Material: Puppe, Windeln

Mögliche Rituale:
- Gemeinsam mit der Spielleitung zieht das Kind täglich einer Puppe eine Windel von sich an, weil es diese nun nicht mehr benötigt.
- Das Kind holt mit der Spielleitung einige Zeit lang täglich eine seiner Windeln aus dem Vorratsschrank und gibt sie an ein jüngeres Kind ab.
- Die ganze Gruppe feiert ein Fest, bei dem das Kind im Mittelpunkt steht, sich das Essen, Lieder usw. wünschen darf. Das Kind bekommt einen „Ohne-Windel-Orden" überreicht.

Hinweis: Wenn trotzdem ab und zu noch ein „Malheur" passiert, ist das nicht schlimm und die Spielleitung misst dem bewusst keine Bedeutung zu.

Rituale im Jahreskreis

Rituale helfen den Kindern, sich im Jahreskreis zurechtzufinden. Sie lernen die Jahreszeiten zu erkennen, das Wetter einzuordnen und besondere Festzeiten zu entdecken. Die Jahreszeiten geben dem Jahr seine Struktur.

Frühling

Der Frühling ist eine ganz besondere Jahreszeit. Vieles in der Natur erwacht aus der Winterruhe zu neuem Leben. Es grünt und blüht und auch die Kinder beobachten fasziniert das Geschehen. Es gibt so viel Neues zu entdecken. Die Vögel zwitschern, kahle Äste bekommen grüne Blätter, es duftet nach Blumen und Blüten.
Jetzt ist es Zeit, mit den Kindern Frühlingsbilderbücher zu betrachten, Frühlingslieder zu singen, Frühlings-Fingerspiele zu machen und natürlich nach draußen zu gehen, um den Frühling in der Natur zu entdecken.

Frühlingsausstellung

Auf einem Tablett o. Ä. wird passend zur Jahreszeit dekoriert. Dadurch sehen die Kinder, wann die Jahreszeit beginnt bzw. endet und was sie besonders macht.

Material: Tablett, grüner Stoff, Blumen, Foto von blühenden Bäumen, Fotohalter, passende Figuren; evtl. für Sommer (gelber Stoff, eine Schale mit Wasser als See), für Herbst (brauner und roter Stoff, bunte Blätter, Eicheln, Kastanien, kleines Deko-Obst), für Winter (weißer Stoff, Deko-Schneemann, Deko-Schlitten)

Zum Frühlingsbeginn dekoriert die Spielleitung ein Tablett mit grünem Stoff und streut Blumen darüber. Dazu stellt sie passende Figuren wie Tiere, Kinder, Erwachsene und Anderes. Solche Figuren finden sich u. a. im Spielwarenhandel oder beim Modelleisenbahnzubehör. Sie stellt das Tablett in die Mitte des Sitzkreises und spricht mit den Kindern über die Jahreszeit. Später steht es auf einem Regal o. Ä., um es den Kindern regelmäßig zu zeigen. Endet die Jahreszeit räumen alle gemeinsam diese Deko in eine Schachtel und die nächste Jahreszeiten-Dekoration wird aufgebaut. Der Frühling muss dem Sommer weichen usw.

Varianten „Sommer, Herbst, Winter"

Analog zur Frühlingsausstellung kann auch zu den anderen Jahreszeiten „Sommer", „Herbst" und „Winter" eine kleine Jahreszeitenausstellung auf einem Tablett gestaltet werden. Hierzu verwendet die Spielleitung Materialien, die die entsprechende Jahreszeit symbolisieren, und stellt daraus eine kleine Szenerie zusammen.

Auf Frühlings-Entdeckungstour

Der Frühling ist die ideale Jahreszeit, um mit den Kleinen draußen spannende Entdeckungstouren zu unternehmen – im Wald, Park oder im Freigelände.

Material: Buch zum Thema Frühling (Beispiele: Alexander Steffensmeier: Es wird Frühling, Lieselotte, Fischer Sauerländer 2013; Daniela Prusse: Mia und Paul suchen den Frühling, Ravensburger 2011; Otto Bauernfeind, Ursula Konopka-Nolte: Wie sich Tulpen, Bienen und ein kleiner Kater über den Frühling freuen. Kniebuch, Findling 2006.

Die Kindergruppe feiert den Frühlingsbeginn mit einer Entdeckungstour im Freien. Dazu stimmt die Spielleitung alle durch ein Bilderbuch, Fotos o. Ä. auf den Spaziergang ein.

Einmal draußen, suchen alle gemeinsam Knospen, die aus dem Boden und aus den Ästen hervorkommen. Sie fühlen, wie weich sich junge Blätter anfühlen, sie hören, wie die Vögel zwitschern und die Insekten summen. Vielleicht krabbeln unterwegs auch Käfer oder Ameisen über den Weg, die die Kinder beobachten können.

Geht die Spielleitung mit den Kindern den gleichen Weg mit ein paar Tagen Abstand immer wieder, können die Kinder die Unterschiede suchen und finden: die Blätter werden größer, die ersten Blumen schauen aus dem Boden usw.

Blühende Zweige

Material: Gartenschere, Vase

Die Spielleitung geht mit den Kindern nach draußen und schneidet einige blühende Zweige von Büschen und Bäumen ab. Gut eignen sich dafür Zweige von Kirsch- oder Apfelbäumen, von Birke, Weide, Flieder, Haselnuss sowie Forsythie. Diese werden in eine Vase mit Wasser in den Raum gestellt und bekommen nach einiger Zeit erst Knospen und dann Blätter. Der Vorgang wird mit den Kindern beobachtet.

Frühlingsmassage

Die Spielleitung nimmt das Kind rittlings auf den Schoss oder lässt das Kind sich mit dem Bauch auf ihre Beine legen. So kann sie dem Kind den Rücken massieren:

Der Frühling ist da,
die Sonne scheint warm.

Mit der Hand über den Rücken streichen.

Da kommt ein kleiner Vogel geflogen.

Mit einem Finger Wellen auf den Rücken malen.

Er fliegt dahin und dorthin und husch ist er weg.

Mit Finger erst langsam nach rechts und dann langsam nach links über den Rücken streichen. Schneller nach rechts und links streichen.

Eine kleine Blume wächst langsam aus der Erde. Sie wird immer größer und größer.

Mit Zeigefinger auf dem Rücken langsam nach oben streichen.

Auf einmal fängt es an zu regnen, erst langsam und dann immer schneller.

Mit allen Fingern langsam tippen und dann immer schneller.

Die Blume freut sich,
denn sie hat Durst.
Sie trinkt den Regen aus der Erde.

Weiter tippen.

Dann hört der Regen auf und die Sonne kommt wieder.

Mit der Hand über den Rücken streichen.

Zwei Regenwürmer kriechen aus der Erde.

Mit beiden Zeigefingern den Rücken entlang krabbeln.

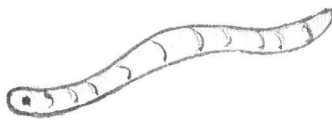

Sie sehen die Blume und tanzen vor Freude.

Mit beiden Fingerkuppen auf dem Rücken tanzen.

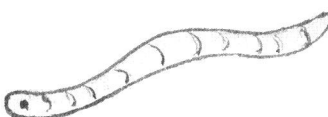

Und dann, husch,
sind sie wieder weg.

Mit beiden Händen schnell von oben nach unten streichen.

Kresse säen

Da Kinder unter drei Jahren noch nicht den Zusammenhang zwischen Säen und Ernten herstellen können, wenn dazwischen viel Zeit vergeht, ist die schnell keimende Kresse recht gut geeignet, um den Kleinen den Wachstum von Pflanzen deutlich zu machen. Die Behälter verbleiben im Gruppenraum, können täglich beobachtet werden und das Ergebnis ist schnell zu sehen und auch von den jüngeren Kindern mit dem eigenen Tun in Verbindung zu bringen.

Alter: ab 1½ Jahren
Material: für jedes Kind und jeden Erwachsenen ein flaches Gefäß (z. B. Kunststoffverpackung von Joghurt, Quark o. Ä.), Watte, Wattepads oder Küchenkrepp, Kresse-Samen, Gießkanne, Plastikflasche o. Ä., wasserfeste Stifte, Schalen, ggf. Brot

Die Spielleitung zeigt den Kindern, wie sie Watte, Wattepads oder eine Schicht Küchenkrepp in ihren Behälter legt. Die Kinder machen es ihr nach.
Alle gießen reichlich Wasser auf die Watte, sodass diese sich vollsaugen kann.
Die Spielleitung schüttet das überschüssige Wasser ab, drückt dabei die Watte aber nicht zu stark aus.
Gemeinsam mit jedem Kind streut sie eine gleichmäßige dünne Schicht Kresse-Samen auf die Watte.
Sie beschriftet mit einem wasserfesten Stift die Behälter mit den Namen der Kinder.
Die Kinder bringen ihre Gefäße an einen hellen Ort, z. B. auf die Fensterbank, aber möglichst nicht direkt in die Sonne.
Die Kresse keimt sehr schnell. Meist sind nach drei Tagen bereits die ersten Keime sichtbar. Die Spielleitung achtet darauf, dass die Watte nicht austrocknet. Mit den Kindern beobachtet sie die Behälter immer wieder. Gegebenenfalls gießen die Kinder noch ein wenig Wasser nach.
Nach etwa zwei Wochen kann die Kresse geerntet werden.
Die Spielleitung schneidet sie ab, gibt sie in Schalen und die Kinder probieren sie pur oder auf Broten.

Hinweise: Kresse-Samen enthalten bereits alle Nährstoffe, die für das Keimen und Wachsen notwendig sind. Sie benötigen nur noch Wasser und Licht.
Watte speichert das Wasser sehr gut und sorgt deswegen für ausreichend Feuchtigkeit. Der Vorteil von Watte gegenüber Erde besteht darin, dass die Kresse nicht durch Erde verschmutzt wird.

Die Blume
(Fingerspiel)

Material: grüne Fingerfarbe, Blume (Natur oder gebastelt [→ S. 59–61 „Blumenkalender"])

Vorbereitung

Die Spielleitung malt sich den rechten Zeigefinger grün an und legt die Blume griffbereit neben sich.

Spielanleitung

Alle Kinder kommen im Sitzkreis zusammen und die Spielleitung startet das Fingerspiel:

Unten in der dunklen Erde, warten die Blumen, dass es Frühling werde.	Rechte Hand flach senkrecht über den Erdboden halten.
Die Sonne scheint auf die Erde herunter, das macht eine kleine Blume ganz, ganz munter.	Die linke Hand spreizen und als Sonne scheinen lassen.
Sie schickt einen Stängel aus dem Boden heraus.	Die grüne Fingerkuppe ein ganz kleines Stück zwischen den Fingern der linken Hand hindurchstecken.
Immer weiter wächst er, immer weiter hoch hinaus. Der Regen, tropf, tropf, versorgt ihn mit Wasser geschwind und hin- und herschwingen lässt ihn der Wind, huhu.	Fingerkuppe immer höher schieben. Mit Fingern tropfen. Grünen Finger hin- und herschwingen lassen. Pusten.
Der Stängel freut sich über das gute Wetter und bekommt Knospen und auch Blätter.	Mit dem Finger nicken. Zeigefinger der linken Hand abwinkeln und als Blatt an den grünen Finger legen.
Eines Tages gehen die Knospen auf, juchhe. Und eine wunderschöne Blume ich nun seh'.	Blume hervorzaubern.

Der Frühling ist da
(Fingerspiel)

Die Spielleitung führt das nachfolgende Fingerspiel für alle oder ein einzelnes Kind vor:

Fünf Finger liegen in ihrem Nest, sie schnarchen laut und schlafen fest. Da scheint die Sonne vom Himmel herunter und macht den dicken Daumen munter.	Faust bilden, Finger zeigen nach oben und schnarchen. Andere Hand zur Sonne spreizen und mit einem Finger Daumen kitzeln.
Der reckt sich und streckt sich und ruft voller Freude, wacht auf meine Freunde, die Sonne scheint heute.	Daumen bewegen. Mit Daumen auf die anderen Finger klopfen.
Der Zeigefinger sagt: „Was fällt dir ein, mitten im schönsten Schlaf so herumzuschrein? Da sieht er die Sonne und lacht, davon sind auch die anderen aufgewacht.	Zeigefinger strecken und bewegen. Wieder Sonne bilden, lachen und alle Finger zeigen.
Der Kleine sagt: Schaut euch mal um, da wachsen neue Blumen ringsherum, die Sonne scheint und die Vögel singen, die fünf Finger voller Freude springen.	Kleinen Finger bewegen. Zwitschern. Finger hüpfen lassen.
Dann rufen alle laut: „Hurra! Der Frühling, der Frühling, der Frühling, der ist da!"	Finger tanzen lassen.

Hurra, hurra, der Frühling ist nun da

Nr. 24

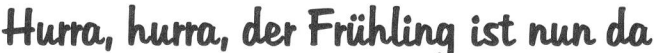

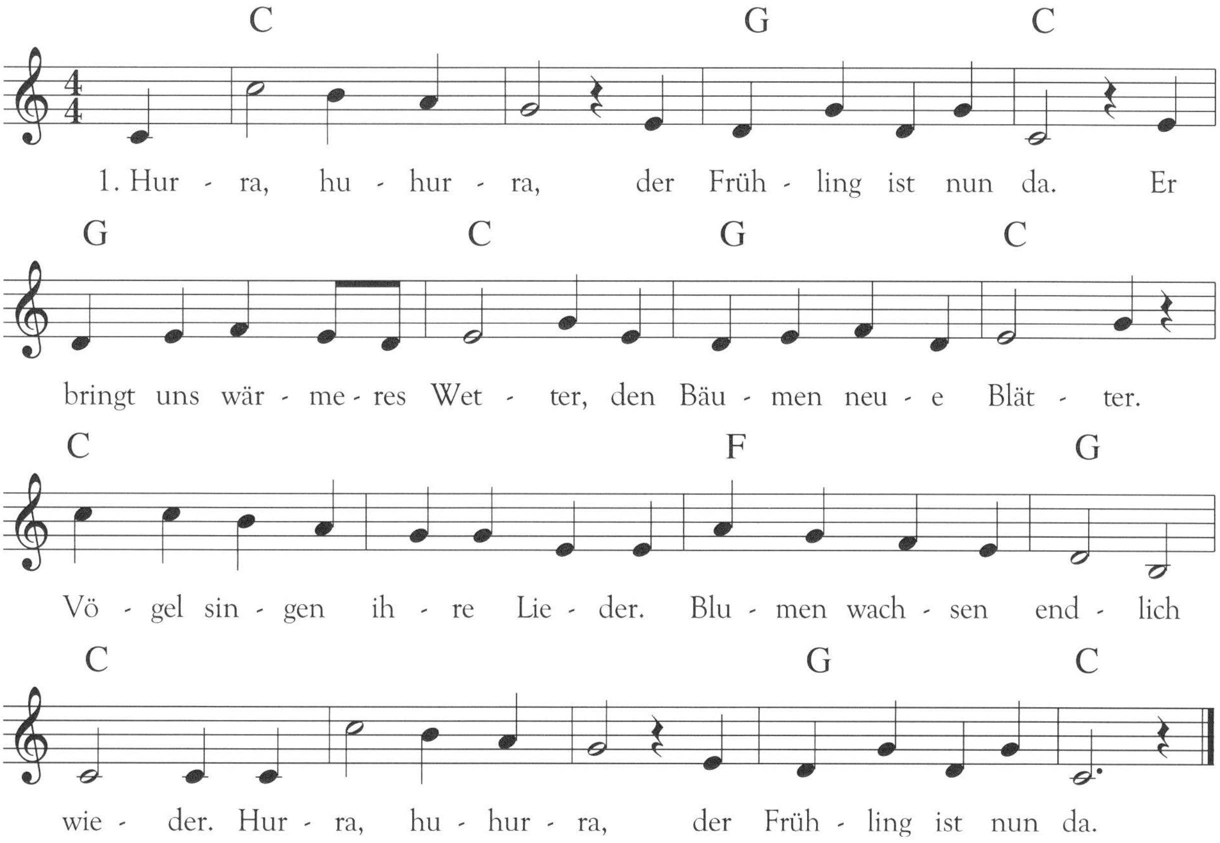
C G C
1. Hur - ra, hu - hur - ra, der Früh - ling ist nun da. Er
G C G C
bringt uns wär - me - res Wet - ter, den Bäu - men neu - e Blät - ter.
C F G
Vö - gel sin - gen ih - re Lie - der. Blu - men wach - sen end - lich
C G C
wie - der. Hur - ra, hu - hur - ra, der Früh - ling ist nun da.

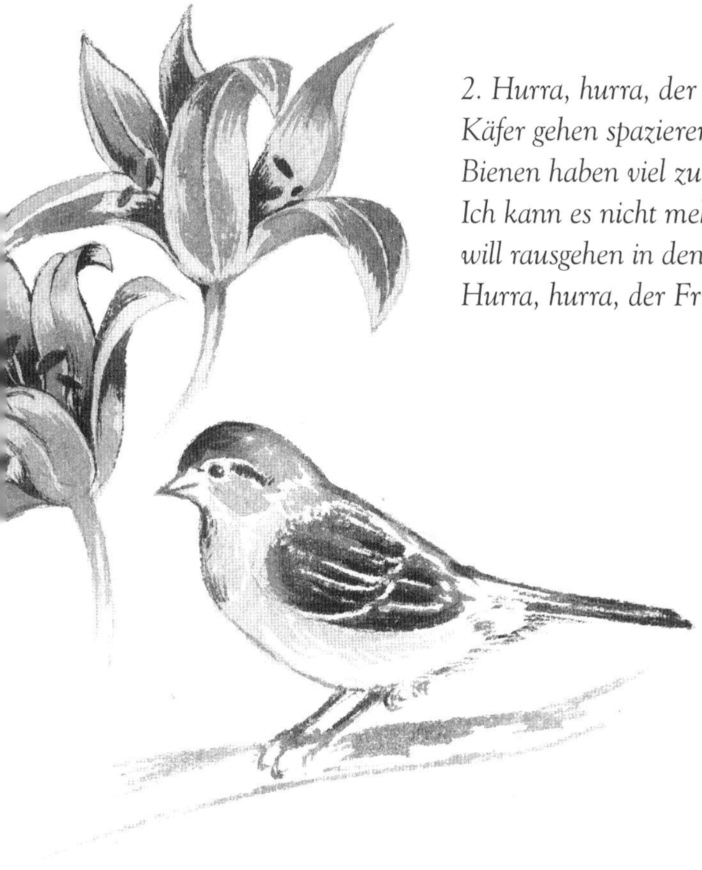

2. Hurra, hurra, der Frühling ist nun da.
Käfer gehen spazieren nun,
Bienen haben viel zu tun.
Ich kann es nicht mehr erwarten,
will rausgehen in den Garten.
Hurra, hurra, der Frühling ist nun da.

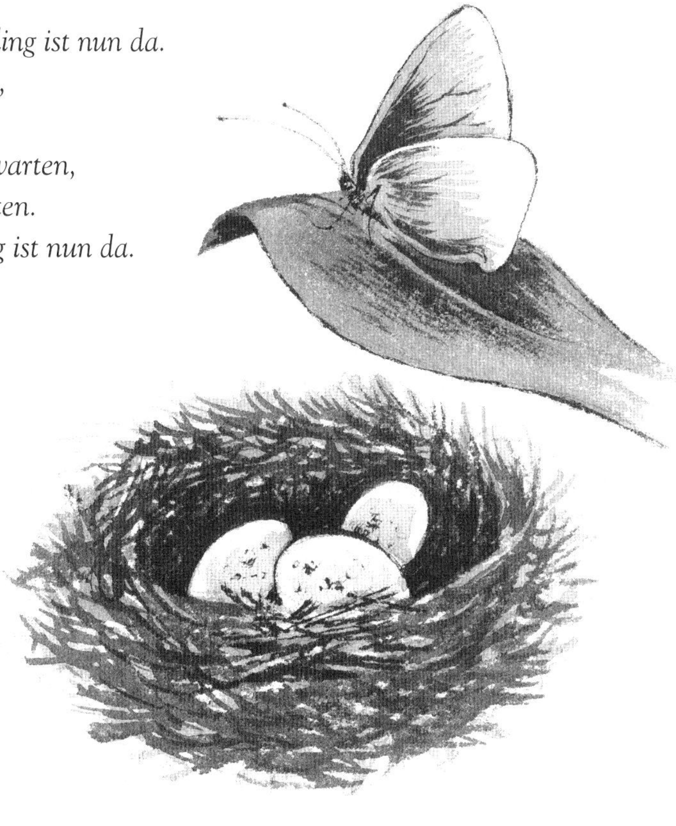

Sommer

Der Sommer ist die wärmste Jahreszeit. Jetzt ist es länger hell. Unterschiedliche Tagestemperaturen mit kühlen Nacht- und Morgenstunden, Hitze am Tag und der Schwüle vor einem Gewitter lassen Erwachsene und auch die Kinder die Natur besonders intensiv spüren. Weniger Bekleidung lässt mehr Bewegungsfreiheit.
Die Kinder verbringen viel Zeit im Freien. Wasser lädt zum Experimentieren und Planschen ein.

Sonnentanz

Mit einem Sonnentanz wird der Sommer begrüßt.

Material: Reifen, gelbe Bänder (Geschenkband o. Ä.), Schere, Musik-CD, Player

Die Spielleitung bindet um den Reifen herum gelbe Bänder, die die Sonnenstrahlen darstellen. Diese Sonne wird in die Mitte gelegt. Die Spielleitung erzählt den Kindern, dass die Sonne im Sommer warm scheint und nun der Sommer beginnt.
Die Kinder tanzen zu einer fröhlichen Musik um die Sonne herum. Kinder, die noch nicht gehen können, werden auf den Arm genommen und nehmen so teil.

Variante für Kinder ab 2 Jahren

Die Spielleitung geht in den Reifen und hält ihn etwa hüfthoch.
Die Kinder halten jeweils einen „Sonnenstrahl" (gelbes Band) fest.
Zur Musik gehen alle im Kreis und wechseln immer wieder die Drehrichtung.

Planschbecken-Einweihung

Feierlich wird das Planschbecken im Frühsommer aus dem Schlaf geholt und die Bade- und Planschsaison eingeläutet.

Material: Rasseln o. Ä., Planschbecken, Luftpumpe, Eimer, Flaschen o. Ä.

Die Kinder gehen zusammen mit der Spielleitung mit Rasseln o. Ä. zum „Versteck" des Planschbeckens und wecken es lautstark auf.
Die Spielleitung holt es hervor und stellt fest, dass es ja viel zu klein ist und erst einmal Luft braucht, um zu wachsen. Die Kinder helfen, das Becken mit einer Luftpumpe aufzublasen.
Gemeinsam füllen sie Wasser hinein. Dazu holen sie mithilfe der Spielleitung Wasser in Eimern, Flaschen usw. heran und bringen es zum Becken.
Die Spielleitung füllt das Becken mit warmem Wasser auf, damit das Becken auch sofort genutzt werden kann.
Wenn das Planschbecken fertig ist, stellen sich alle im Kreis herum und strecken ihre Hände über das Wasser. Zur Eröffnung der Planschzeit patschen alle mit den Händen auf das Wasser. Nun ist das Planschbecken eingeweiht.

Ja, der Sommer

Nr. 25

Ja, der Sommer macht mir Spaß, leg ich mich ins weiche Gras.

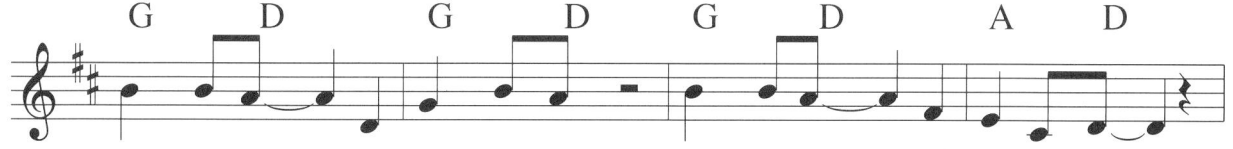

Kalten Wind, den gibt's jetzt nicht, Sonne scheint mir ins Gesicht.

1. Auf der Wiese ist was los, da krabbeln Käfer klein und groß.

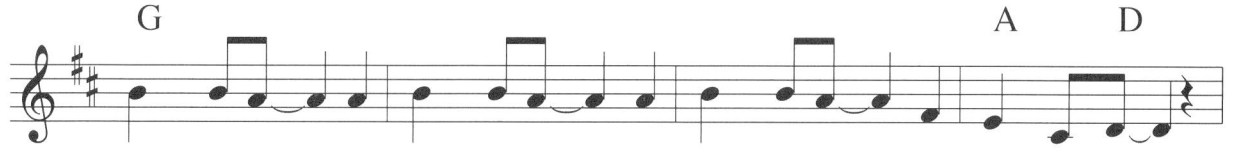

Krabbel, krabbel, krabbel, krabbel, krabbel, krabbel klein und groß.

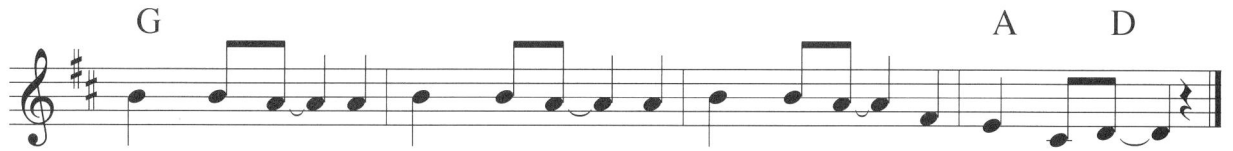

Krabbel, krabbel, krabbel, krabbel, krabbel, krabbel klein und groß.

(Refrain)

2. In der Luft da ist Gebrumm,
Hummeln und Bienen fliegen rum.
Summ, summ, summ, summ, summ,
summ, summ, summ, summ, summ,
sum, summ, fliegen rum.
Summ, summ, summ, summ, summ,
summ, summ, summ, summ, summ,
summ, summ, fliegen rum.

(Refrain)

3. Und was ist das für ein Ding?
Das ist ein bunter Schmetterling.
Schmetter, Schmetter, Schmetter,
Schmetter, Schmetter, Schmetter,
Schmetterling.
Schmetter, Schmetter, Schmetter,
Schmetter, Schmetter, Schmetter
Schmetterling.

(Refrain)

4. Vögel singen mir ein Lied,
und ich singe fröhlich mit.
La, la, la, la, la, la, la
La, la, la, la, fröhlich mit.
La, la, la, la, la, la, la
La, la, la, la, fröhlich mit.

Aktionen zum Lied:

1. Strophe: Die Finger auf Armen und Beinen krabbeln lassen.
2. Strophe: Zeigefinger durch die Luft schwirren lassen.
3. Strophe: Mit den Armen flattern.
4. Strophe: Refrain einmal auf La, la und anschließend mit Text.

Der Sommer ist da

Nr. 26

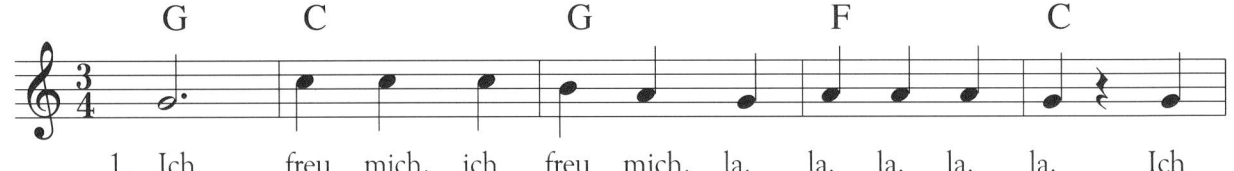

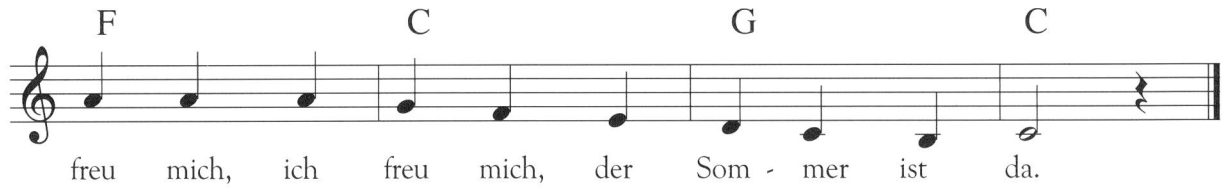

2. Ich tanze, ich tanze,
la, la, la, la.
Ich tanze, ich tanze,
der Sommer ist da.

3. Ich klatsche, ich klatsche,
la, la, la, la.
Ich klatsche, ich klatsche,
der Sommer ist da.

4. Ich schwimme, ich schwimme,
la, la, la, la.
Ich schwimme, ich schwimme,
der Sommer ist da.

5. Ich lache, ich lache,
ha, ha, ha, ha.
Ich lache, ich lache,
der Sommer ist da.

Ideen für weitere Strophen: „Ich springe …", „Ich tobe …", „Ich rassle …" usw.

Die Sonne scheint ...
(Fingerspiel)

Die Spielleitung macht das nachfolgende Fingerspiel vor. Die älteren Kinder machen die Fingerbewegungen nach:

Die Sonne scheint vom Himmel heiß.	Finger einer Hand spreizen.
Der Erste sagt: Ich will ein Eis.	Daumen zeigen.
Der Zweite sagt: Das Wetter ist so schön, da will ich gleich mal schwimmen gehn.	Zeigefinger zeigen. Schwimmbewegungen machen.
Der Dritte sagt: Ich spiele im Sand.	Mittelfinger zeigen.
Der Vierte kommt auch angerannt.	Ringfinger schnell bewegen.
Der Kleinste sagt: Ich bitt' euch sehr, bei diesem Wetter, da will ich ans Meer. Da essen wir Eis, bauen Burgen im Sand, schwimmen ins Meer und wieder ans Land.	Kleinen Finger zeigen. Bewegungen dazu machen.
Da rufen alle Fünf: „Oh, wie ist das famos!", und fahren mit dem Auto gemeinsam los.	Alle 5 Finger bewegen, in die andere Hand setzen, Fahrbewegungen und -geräusche machen.

Herbst

Der Herbst schenkt eine besondere Farbenpracht. Die Blätter werden bunt. Früchte, Gemüse und Getreide verströmen ihren Duft und werden geerntet. Der Wind bläst die bunten Blätter vom Baum und lässt sie auf Wegen und Straßen tanzen. Die Tage werden wieder kürzer. Nebelschwaden kündigen an, dass es bald Winter wird.

Blätterregen

Mit einem Blätterregen begrüßen die Kinder den Herbst.

Material: Eimer

Die Spielleitung geht mit den Kindern nach draußen. Gemeinsam sammeln sie viele bunte Blätter in einem Eimer. Die Spielleitung lässt die Blätter auf die Kinder „herabregnen".

Die Kinder entscheiden, ob sie schnellen oder langsamen Blätterregen möchten. Je nachdem, werden die Blätter langsam und schnell fallen gelassen.

Nach dem Blätterregen sind alle bereit für die Herbstzeit.

Variante

Die älteren Kinder haben auch viel Freude daran, Blätter auf die Erwachsenen rieseln zu lassen. Dazu stellen sie sich auf eine Erhöhung und lassen die Blätter herunterschweben.

Rituale im Jahreskreis

Kastanienbad

Im Herbst fallen die Kastanien von den Bäumen. Jetzt beginnt wieder die Zeit des Sammelns.

Material: Jutetaschen zum Sammeln, Karton, Planschbecken oder Babybadewanne o. Ä., ggf. Handwaschlappen, verschiedene Gefäße, Pappröhren

Die Kinder sammeln gemeinsam mit der Spielleitung Kastanien und lassen sie über Nacht trocknen, damit sie nicht schimmeln. Sind sie trocken, kommen sie im Gruppenraum in einen großen Karton, ein Planschbecken, eine Babybadewanne o. Ä. Die Kinder setzen sich wie in ein Bällebad.

Ideen zum Spielen im Kastanienbad:
- Die Kinder füllen Kastanien in Handwaschlappen und „rubbeln" sich damit gegenseitig ab.
- Die Kinder füllen Kastanien in Gefäße und schütten diese wieder aus.
- Die Spielleitung stellt den Kindern Pappröhren (von Küchenkrepp o. Ä.) zur Verfügung, durch das die Kinder die Kastanien rollen.

Der Herbst kommt an

Nr. 27

2. Der Herbst kommt dann mit seinem Wind.
Er pustet ab die Blätter von Bäumen geschwind.
Er pustet ab die Blätter von Bäumen geschwind.

3. Der Herbstwind pustet immer mehr,
viele bunte Blätter tanzen nun hin und her,
viele bunte Blätter tanzen nun hin und her.

4. Und wir wollen nach draußen gehn,
tanzen wie die Blätter und bunte Farben sehn,
tanzen wie die Blätter und bunte Farben sehn.

Fünf Bäume auf der Wiese ...
(Fingerspiel)

Die Spielleitung macht das nachfolgende Fingerspiel vor.
Die älteren Kinder machen die Fingerbewegungen nach:

Fünf Bäume auf der Wiese stehen.	5 Finger zeigen.
Ihre bunten Blätter sind weit zu sehen.	
Da kommt der starke Pustewind	Pusten.
und schüttelt und rüttelt die Bäume geschwind.	Finger hin und her bewegen.
Der erste Baum sagt:	Daumen zeigen.
„Das wird ja immer netter,	
jetzt bläst der Wind mir weg die Blätter."	
Der zweite Baum schimpft:	Zeigefinger zeigen.
„Nun stehe ich ganz kahl und krumm,	
der Wind, der pustet mich fast um."	
Der dritte Baum ruft:	Mittelfinger zeigen.
„Ich mag meine Blätter so sehr,	
Wind, gib sie mir ganz schnell wieder her!"	
Der vierte Baum fragt:	Ringfinger zeigen.
„Was mache ich bei diesem Wetter	
nur ohne meine schönen Blätter?"	
Der kleine Baum lacht: „Ha, ha, ha,	Kleinen Finger zeigen,
was seid ihr so dumm und	lachen.
jammert hier im Herbst herum?	
Die Blätter werden uns doch nur genommen,	
weil wir im Frühling wieder neue bekommen."	
Der Wind pustet weg die alten Blätter und	Pusten.
bringt uns zum Ausruhn das richtige Wetter.	
Da nicken alle Bäume mit den Köpfen	Mit den Fingerkuppen
geschwind und rufen gemeinsam:	nicken und rufen.
„Hab Dank, lieber Wind!"	

Winter

Im Winter gibt es weniger Farben zu sehen, viele Bäume und Pflanzen sind kahl. Es ist kalt und länger dunkel. Lichter faszinieren draußen und drinnen und ersetzen das fehlende Sonnenlicht. Wenn Schneeflocken tanzend vom Himmel fallen, verwandeln sie die Welt. Der Schnee bietet Gelegenheit für viele Spiele.

Schneeballschlacht

Den Winter begrüßen die Kinder mit einer Schnellballschlacht im Sitzkreis.

Material: Küchenkrepp oder weißes dünnes Papier, Schneebilder

Vorbereitung

Die Spielleitung knüllt mit den älteren Kindern das Papier zu vielen Bällen zusammen und legt sie in die Mitte des Sitzkreises.

Spielanleitung

Die Kinder sitzen um die „Schneebälle" herum. Die Spielleitung erzählt den Kindern, dass nun der Winter kommt und Schnee bringt. Sie zeigt den Kindern Bilder vom Schnee und erklärt, dass man aus Schnee schöne runde Schneebälle zaubern und damit eine wilde Schneeballschlacht machen kann. Zur Demonstration wirft sie einen „Schneeball" in die Luft. Sie wirft einen Ball auf ein Kind und fordert alle auf, ebenfalls einen „Schneeball" zu werfen. Alle Kinder werfen nun mit den „Schneebällen" und es entsteht eine lustige Schneeballschlacht.

Winter-Glöckchen

Material: für jedes Kind ein Glöckchen

Die Spielleitung gibt jedem Kind ein Glöckchen in die Hand. Gemeinsam spielen alle damit ein winterliches Instrumentalstück. Der Fantasie der Kinder sind hier keine Grenzen gesetzt.

Schlittenfahren

Wenn es geschneit hat, ist eine Schlittenfahrt oder Rodeln ein schöner Spaß für die Kinder. Das nachfolgende Spiel nimmt diese Freude auf und überträgt sie auf die Einrichtung.

Material: Decken

Mit etwas Fantasie ist es auch möglich, im Innenraum eine Schlittenfahrt zu veranstalten. Dazu wird jeweils ein Kind auf eine Decke gesetzt und von einem Erwachsenen durch den Raum gezogen. Dabei variieren die Erwachsenen die Geschwindigkeit.

Handschuh-Spiel

In der Winterkälte haben alle Handschuhe dabei. Diese werden für verschiedene Winterspiele benutzt und kommen dafür in einen Korb o. Ä.

Material: Handschuhe, Behälter oder Reifen; evtl. zwei Körbe o. Ä.

Mit Handschuhen lassen sich die schönsten Spiele erfinden:
- An- und Ausziehen: Die kleinen Kinder haben Spaß, sich die verschiedenen Handschuhe einfach über Hände und Füße zu stülpen.
- Handschuh-Werfen
- Handschuhe verstecken und suchen: Die Handschuhe in einen Behälter oder einen auf dem Boden liegenden Reifen werfen.

Varianten für Kinder ab 2 Jahren
- Paare finden: In einem Korb liegen mehrere einzelne Handschuhe eines Paares. Die passenden Gegenstücke des Paares befinden sich in einem weiteren Korb. Die Kinder nehmen einen Handschuh aus dem einen Korb und suchen in dem anderen Korb den passenden zweiten Handschuh dazu.
- Eigene Handschuhe finden: Die Handschuhe der Kinder kommen in einen Korb und jedes Kind sucht seine Handschuhe heraus. Alternativ zieht jedes Kind einen Handschuh an und sucht den zweiten Handschuh, der im Raum liegt.
- Handschuhe den anderen Kindern zuordnen: Die Handschuhe aller Kinder liegen in einem Korb oder in der Kreismitte. Ein Kind wählt einen Handschuh aus und legt ihn vor das Kind, von dem es annimmt, dass ihm der Handschuh gehört. Wenn es stimmt, zieht das Kind den Handschuh an, wenn nicht, kommt der Handschuh zurück in die Mitte.

Fünf im Schnee (Fingerspiel)

Material: 1 Fingerhandschuh, Wattebällchen; evtl. Zeitungs- oder Küchenpapier

1, 2, 3, 4, 5, fünf Leute schauen zum Fenster hinaus. Die Welt sieht ja ganz weiß jetzt aus.	Finger zeigen und zählen. Mit der linken Hand ein Dach bilden und die fünf Finger der anderen Hand darunter herschauen lassen.
Der Erste ruft: „Juchhe, juchhe, da draußen liegt ja ganz viel Schnee!"	Daumen zeigen.
Der Zweite sagt: „Ich kann es kaum erwarten, los kommt, wir gehen in den Garten."	Zeigefinger zeigen.
Der Dritte sagt: „Doch vorher ziehen wir uns warm an, damit uns die Kälte nicht stören kann."	Mittelfinger zeigen, Fingerhandschuh anziehen.
Der Vierte sagt: „Nun ab nach draußen! Ich will nun endlich im Schnee herumsausen."	Ringfinger zeigen.
Sie flitzen aus dem Haus im Nu. Der Fünfte macht schnell noch die Haustür zu.	Finger schnell bewegen, kleinen Finger bewegen, andere Hand weg.
Sie toben und springen im Schnee umher, denn der weiße Schnee gefällt ihnen sehr.	Alle Finger bewegen.
Zusammen machen sie Kugeln aus Schnee. Die werfen sie auf euch und das tut gar nicht weh.	Finger entsprechend bewegen. Wattebällchen auf die Kinder werfen.

Variante

Bälle nur pantomimisch werfen oder Bälle aus Zeitungspapier oder Küchenpapier knüllen und werfen.

Winterlied

Nr. 28

1. Schaut mal raus, Ihr Kinder, draußen ist es Winter.
Dicke weiße Flocken uns nach draußen locken.
Ganz weiß ist die Welt, was uns so gut gefällt.

2. Schaut mal raus, ihr Kinder,
draußen ist es Winter.
Bei dicken weißen Flocken,
wir nicht drinnen hocken.
Wir gehn schnell hinaus,
Schnee lockt uns aus dem Haus.

Wetter

Das Naturphänomen „Wetter" wird bereits von den Kleinstkindern wahrgenommen. Sie sehen die Unterschiede, hören die verschiedenen Wettergeräusche und spüren Naturereignisse im Freien. Die verschiedenen Wettererscheinungen wie Regen, Sonnenstrahlen, Nebel, Gewitter, Wind, Hagel und Schnee ziehen das Interesse der Kinder auf sich.
Rituale unterstützen die Kinder beim Wahrnehmen, Betrachten und Erkunden des Wetters.

Wetterscheibe

Material: 2 Blatt Malkarton A3, Zirkel, Stifte, Lineal, Schere, Kleber, 1 Versandbeutelklammer

Die Spielleitung zeichnet mit dem Zirkel ① einen großen Kreis auf beide Malkartons und schneidet diese aus ②.

Auf einen der Kreise malt sie in Abständen am Rand rundherum etwa 9 cm große Symbole für das Wetter ③ oder sie kopiert die Symbole von der Kopiervorlage auf Seite 101, schneidet diese aus und klebt sie auf den Kreis ④:
- Sonne
- Regen = Wolke mit Regentropfen
- Wind = pustende Wolke
- Schneeflocken
- dunkle Gewitterwolke

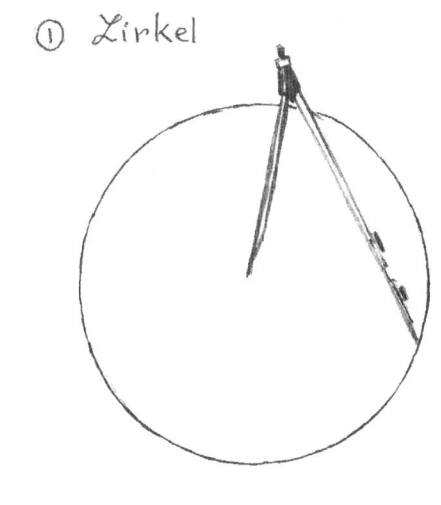

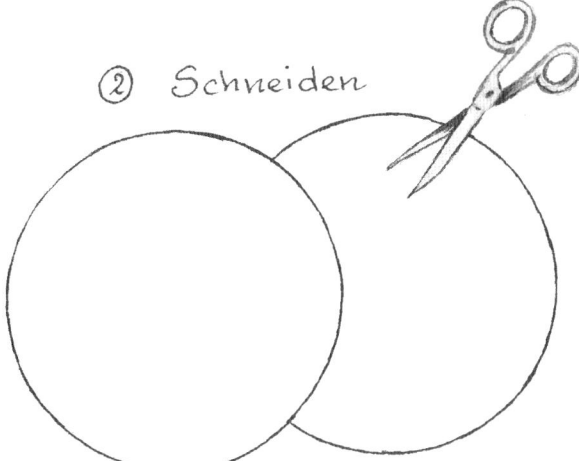

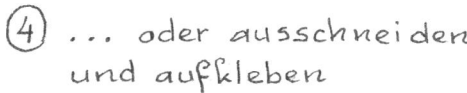

Den anderen, oberen Kreis gestaltet die Spielleitung gemeinsam mit den Kindern mit bunter Fingerfarbe, durch Handabdrücke, Bestempeln o. Ä. ⑤.

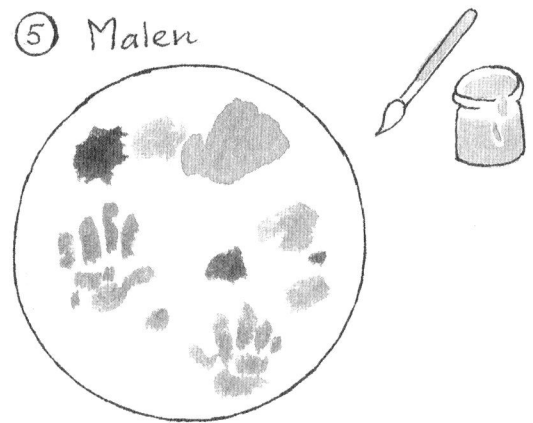

Auf dem oberen Kreis markiert die Spielleitung am Rand zwei Punkte im Abstand von etwa 10 cm und schneidet ein Fenster aus, durch das die Symbole der unteren Scheibe vollständig zu sehen sind ⑥.

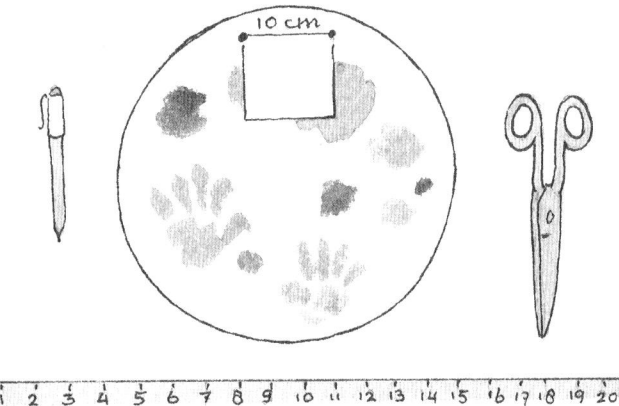

In die Mitte beider Kreise bohrt die Spielleitung mit einem spitzen Stift o. Ä. ein Loch und befestigt beide Scheiben mit einer Versandbeutelklammer aufeinander ⑦.

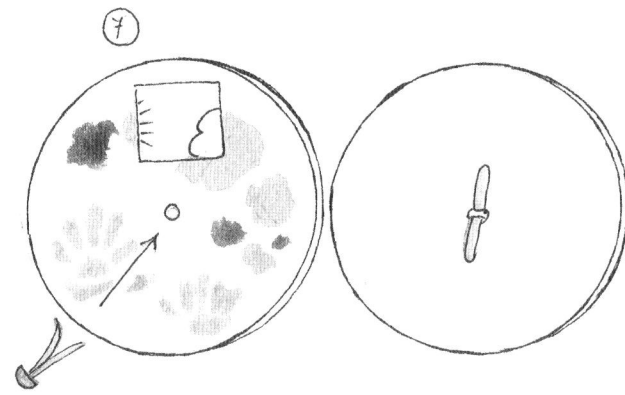

Dreht ein Kind die obere Scheibe, ist nun ein Wettersymbol zu sehen ⑧.

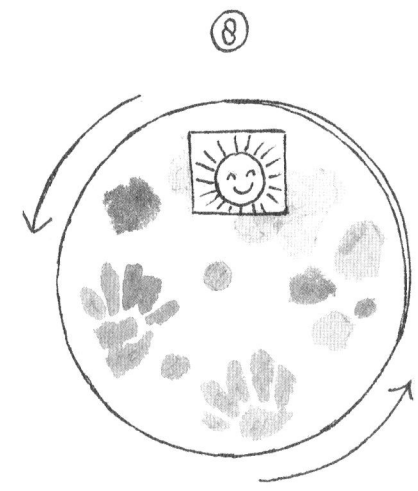

Die Spielleitung schaut mit den Kindern nach draußen, wie das Wetter ist, und gemeinsam suchen alle das passende Symbol auf der Wetterscheibe. Dann wird die Scheibe gut sichtbar im Raum aufgehängt.

Wie ist das Wetter heute

 Nr. 29

2. Heute gibt es Regen,
tropf, tropf, tropf.
Heute gibt es Regen,
es tropft auf meinen Kopf.

3. Heute bläst der Wind,
huh, huh, huh.
Heute bläst der Wind,
pustet ganz geschwind.

4. Heute gibt es Wolken,
dunkel ist es sehr.
Heute gibt es Wolken,
Sonne komm bald wieder her.

5. Heute gibt es Schnee,
weiß und schön.
Heute gibt es Schnee,
könnt ihr ihn denn sehn?

Jeweils den Refrain und die zum Wetter passende Strophe singen.

Rituale im Jahreskreis

Warme Sonne

Material: Wärmflaschen, Kirschkernkissen oder Heizdecke, gelbe Tücher aus Tüll oder Seide

Vorbereitung

Die Spielleitung legt erwärmte Wärmflaschen oder Kirschkernkissen, eine Heizdecke o. Ä. in die Mitte des Raumes und deckt leichte gelbe Tücher so darüber, dass ein gelber, warmer Kreis entsteht.

Spielanleitung

Die Kinder setzen sich in einem Kreis mit Abstand um die „Sonne". Die Spielleitung erklärt den Kindern, dass die Sonne warm ist. Die Kinder ertasten die Wärme der „Sonne". Dann gehen sie wieder in den Kreis zurück.

Immer wenn die Spielleitung „warm" sagt, gehen die Kinder zur Sonne und fühlen die Wärme. Wenn sie „kalt" sagt, gehen sie wieder zurück in den Außenkreis.
Die Spielleitung unterstützt die jüngeren Kinder dabei und trägt Kinder, die noch nicht gehen können, zur „Sonne".
Gegebenenfalls können die älteren Kinder abwechselnd das Kommando übernehmen.

Warme Steine spüren

Material: verschiedene Steine

Die Kinder legen Steine in die Sonne und berühren sie, wenn sie erwärmt sind, um die Wärme zu spüren.

Variante „Steinmassage"

Alternativ massiert die Spielleitung die Kinder sanft mit den warmen Steinen.

Hallo, Sonne
(Vers)

Wenn die Sonne scheint, begrüßen alle sie mit einem rhythmisch gesprochenen Bewegungsvers:

Hallo, Sonne, groß und schön, Sonne, Sonne, ich freu mich, dich zu sehn.	Jeweils bei *„Sonne"* mit Händen und Armen einen großen Kreis zeigen. Lächeln und klatschen.
Sonne, Sonne, du bist da. Ich klatsche, ich klatsche, hurra, hurra!	Großen Kreis mit Armen machen. Klatschen. Arme in die Luft werfen.

Abändern in: „*ich springe …*", „*ich stampfe …*", „*ich tanze …*" usw.

Danke, lieber Sonnenschein

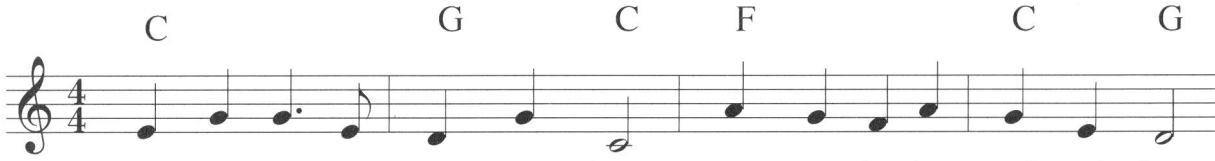

Danke, lieber Sonnenschein,
wärmst uns alle Groß und Klein.

Finger zu Strahlen spreizen und bewegen.
Groß und Klein mit Fingern anzeigen.

Scheinst Du warm mir ins Gesicht,
freu ich mich und friere nicht.

Über das Gesicht streicheln,
Klatschen.

Sonnenschein, ich danke dir.
Bleib noch lange hier bei mir.

Winken.
Auf sich zeigen.

Regenprasseln

Material: evtl. Regenschirm, Trommeln für jedes Kind

Die Spielleitung und die Kinder trommeln mit den Fingern auf den Boden oder den Tisch. Die Spielleitung sagt, ob es wenig oder stark regnet. Je nachdem, trommeln die Kinder leiser und weniger oder lauter und stärker. Später bestimmen die Kinder abwechselnd die „Regenstärke".

Variante

Die Spielleitung spannt einen Regenschirm auf und bittet die Kinder, mit den Fingern auf den Boden oder auf Trommeln zu trommeln, um den prasselnden Regen darzustellen. Sie schließt den Schirm und erklärt, dass immer, wenn der Schirm geschlossen wird, der Regen aufhört und die Kinder das Trommeln einstellen können. Gemeinsam üben alle den Ablauf einige Male, bis die Kinder selbst wissen, wann sie trommeln und wann sie nicht trommeln sollen. Das Spiel wird mehrfach wiederholt.

Pfützen hüpfen

Material: evtl. MP3-Player, Handy o. Ä.

Alle Kinder werden bei Regen wetterfest angekleidet, ziehen Gummistiefel an und gehen raus in den Regen. Sie patschen und hüpfen durch die Pfützen, wie es ihnen gefällt.

Variante

Die Spielleitung spielt dazu Musik von einem MP3-Player, Handy o. Ä. ab und die Kinder tanzen in den Pfützen.

Regenreim

Die Spielleitung und die Kinder sprechen den nachfolgenden Regenreim rhythmisch nach:

*Hört ihr die Regentropfen,
wie sie ans Fenster klopfen?
Klopf, klopf, klopf,
klopf, klopf, klopf,
klopf, klopf, klopf.*

Mit Fingern auf den Boden oder Tisch trommeln.

*Hört ihr die Regentropfen,
wie sie in die Pfützen tropfen?
Pitsch und patsch,
pitsch und patsch,
pitsch und patsch.*

Mit Händen auf den Boden oder Tisch patschen.

*Hört ihr die Regentropfen,
wie sie auf die Kinder tropfen?
tropf, tropf, tropf,
tropf, tropf, tropf,
tropf, tropf, tropf.*

Jeder trommelt mit Fingern bei sich auf Kopf, Schultern usw.

*Weil es nicht mehr regnen will,
sind jetzt alle Kinder still.*

Zeigefinger auf den Mund legen und leise sein.

Regenlied

🎵 Nr. 31

Re - gen - trop - fen, klopf, klopf, klopf, trop - fen mir auf mei - nen Kopf.
Gib mir mei - ne Re - gen - müt - ze, zieh mir Gum - mi - stie - fel an. Dann
spring ich durch die Re - gen - pfüt - ze und spritz so toll ich kann.

Wind-Spiele für drinnen

Wenn der Wind ums Haus bläst, ist das die richtige Zeit, um es sich in der Kuschelecke gemütlich zu machen, um gemeinsame Windspiele zu spielen.

Material: Watte, Federn, Zeitungsschnipsel und/oder Tischtennisbälle; evtl. Handfächer, Fön

Die Spielleitung legt Watte, Federn, Zeitungsschnipsel und/oder Tischtennisbälle auf einen niedrigen Tisch. Die Kinder pusten die Dinge vom Tisch.

Varianten

- Die Kinder machen den Wind mit Handfächern nach und wehen damit die Dinge vom Tisch.
- Die Spielleitung stellt die Temperatur eines Föns jeweils passend zur Windtemperatur draußen kalt oder lauwarm ein. Die Kinder fühlen den Wind. Dann blasen sie mithilfe der Spielleitung mit dem Fön Gegenstände auf dem Tisch herum und vom Tisch herunter.

Windspiele für draußen

Material: Wäscheleine, Wäscheklammern, verschiedene Gegenstände (z. B. Stoffbänder, Ketten, Kleidungsstücke, Kellen, Holzlöffel, Papier), Windräder, Klangspiele

Um den Wind für die Kinder erfahrbar zu machen, können verschiedene Experimente hierzu mit den Kindern durchgeführt werden:

- Die Spielleitung befestigt verschiedene Dinge an einer Leine. Sie beobachtet mit den Kindern, wie sie sich im Wind bewegen.
- Die Spielleitung stellt mit den Kindern verschiedene Windräder auf. Gemeinsam beobachten sie die Windräder. (Windräder bekommt man in Billigläden u. a.)
- Gemeinsam hängen die Spielleitung und die Kinder verschiedene Klangspiele in Sträuchern o. Ä. auf. Die Kinder gehen von einem Strauch zum anderen und hören, wie der Wind unterschiedliche Musik macht.

Der Wind

Nr. 32

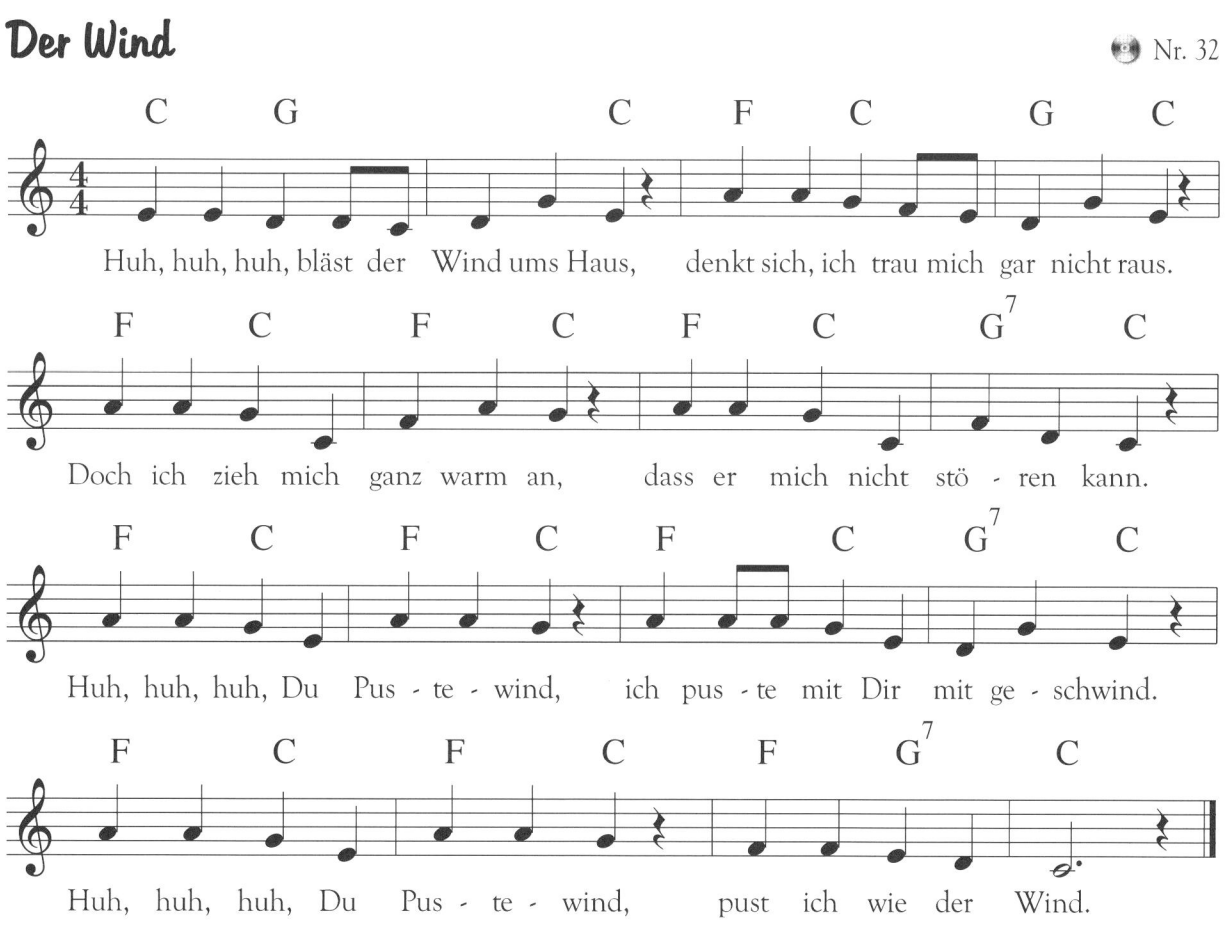

Experiment „Schneeschmelze"

Material: verschiedene Gefäße, Schnee

Die Spielleitung holt mit den Kindern Schnee in verschiedenen Gefäßen nach drinnen und zusammen beobachten sie, wie der Schnee schmilzt.

Variante ab 2 Jahren
Die Kinder beobachten die Unterschiede, die sich aufgrund der Menge und anderer Einflussfaktoren auf den Schnee ergeben:
- Größere Schneemengen tauen langsamer auf als kleine.
- Auf der Heizung taut Schnee schneller als im Raum.
- Sauberer Schnee taut zu sauberem Wasser, schmutziger Schnee zu schmutzigem Wasser.

Spuren im Schnee

Kinder lieben es, Spuren zu hinterlassen. Im Winter können sie dieser Vorliebe – wenn genug Schnee gefallen ist – ausgiebig nachgehen.

Material: evtl. Fingerfarbe

Ist draußen Schnee gefallen, zieht die Spielleitung alle Kinder warm an und geht mit ihnen nach draußen. Alle laufen durch den frischgefallenen Schnee und schauen nach ihren Fußabdrücken und denen der anderen Kinder. Gemeinsam drücken sie ihre Hände in den frischen Schnee und betrachten auch diese Abdrücke.

Variante
Die Spielleitung bemalt alle Hände vor dem Rausgehen mit verschiedenfarbiger Fingerfarbe. Ein schöner Effekt, wenn die verschiedenfarbigen Handabdrücke im Schnee erscheinen.

Schneesterne

Material: Tablett oder Backblech, Ausstechformen, verschiedene Naturmaterialien (z. B. Steine oder Eicheln); evtl. Schalen, verschiedenfarbige Fingerfarbe

Aus Schnee lassen sich wunderschöne Sterne gestalten.
Dazu sammeln alle zusammen im Freien Schnee auf einem Tablett oder Backblech.
Die Spielleitung drückt den Schnee fest zusammen, sodass er eine etwa 1 cm hohe feste Schicht ergibt.
Die Kinder stechen mit Ausstechformen Sterne aus, die die Spielleitung vorsichtig auf Außen-Fensterbänke o. Ä. setzt. Die Kinder dekorieren die Sterne mit kleinen Steinen, Eicheln und ähnlichen Dingen.

Variante
Der Schnee wird vor dem Ausstechen mit verdünnten Fingerfarben gefärbt.

Schneelied

Nr. 33

| F | C | G⁷ | C | F | C | G⁷ | C |

Juch - he, juch - he, es liegt ganz viel Schnee. Juch - he, juch - he, es liegt ganz viel Schnee.

| F | Em | Dm | Em | Dm | Em |

Flo - cken tan - zen aus di - cken Wol - ken um un - ser Haus.

| F | Em | F | Em | F | G | C |

Und wir wol - len und wir wol - len ganz schnell hi - naus.

Rituale zu den Feiertagen

Die Festzeiten sind besondere Höhepunkte, auf die sich auch schon Kleinstkinder freuen. Sie erleben die Vorbereitungen der Erwachsenen und spüren die positive Spannung, die in der Luft liegt.

Ostern

Der christliche Hintergrund von Ostern kann von den kleinen Kindern noch nicht verstanden werden, aber große Freude als Botschaft des Osterfestes empfinden auch schon Ein- bis Dreijährige! Deshalb kann auch mit ihnen Ostern gefeiert werden.
Für Kleinstkinder sind der Osterhase und Ostereier Symbole, die sie sehr gut mit dem Fest verbinden können. Deshalb bieten sich dazu jährlich wiederkehrende Rituale an.

Ostereier-Dekoration

Das Gestalten von bunten Ostereiern ist ein schönes Ritual, an dem auch kleine Kinder Freude haben. Da echte Eier leicht zerbrechen, eignen sich Eier aus Plastik oder Ton.

Material: Eier aus Plastik oder Ton, buntes Papier, Bastelkleber, Wasser, Pinsel, Fingerfarbe, Zahnbürsten, Tablett, Küchenkrepp, Playmais, Behälter aus Plastik, Schwämme, Teller

Die Kinder verzieren die Eier mit einfachen Techniken:
- Die Kinder reißen buntes Papier in kleine Stücke. Die Spielleitung verdünnt Bastelkleber mit etwas Wasser. Damit pinseln die Kinder die Eier ein und kleben anschließend die Papierschnipsel auf.
- Die Kinder bemalen die Eier mit Fingerfarben. Sie benutzen dazu je nach Alter die Finger, Zahnbürsten oder Pinsel.
- Die Spielleitung verdünnt verschiedene Fingerfarben und tropft diese mit Pinseln auf ein kleines Tablett o. Ä. Die Kinder legen jeweils ein Ei darauf und lassen es hin und her kullern. Dabei nimmt das Ei Farbe an und es entsteht eine Marmorierung.
- Die Spielleitung bringt je nach Alter allein oder mit dem Kind Farbkleckse aus Fingerfarben verschiedener Farben auf die Eier auf. Jedes Ei wird in ein Stück Küchenkrepp gewickelt. Die Kinder rollen die eingewickelten Eier auf dem Tisch herum. Dadurch entsteht ein buntes Muster.

Rituale zu den Feiertagen

- Auch mit buntem Playmais lassen sich Eier gestalten. Dazu gibt die Spielleitung etwas Playmais in Behälter, legt kleine Schwämme auf Teller und feuchtet diese mit Wasser an. Die Kinder drücken Playmais auf die nassen Schwämme und bemalen oder bedrucken damit die Eier.

Die so verzierten Eier hängen die Kinder gemeinsam mit der Spielleitung an einen Strauch oder ein Bäumchen im Garten.

Ostereier suchen

Material: bunte Plastikostereier, verschiedene Tücher

Kleinstkinder lieben Versteckspiele. Die Spielleitung stellt ihnen dafür in der Osterzeit bunte Plastikeier zur Verfügung. Diese können im Haus und im Freigelände immer wieder versteckt und gefunden werden.
Die Jüngsten erhalten Tücher mit denen sie die Eier zu- und wieder aufdecken können.

Osterlied

Nr. 34

Die Spielleitung singt vor der Ostereiersuche gemeinsam mit den Kindern das nachfolgende Lied:

Kin - der, Kin - der, hur - ra, hur - ra, der Os - ter - ha - se, der war da.
Kin - der, Kin - der, hur - ra, hur - ra, der Os - ter - ha - se, der war da.

1. Os - ter - ei - er bunt und schön, sie sind gar nicht mehr zu sehn. Er hat sie gut ver - steckt. Habt Ihr sie schon ent - deckt?

2. Ostereier, sucht mit mir,
sind sie dort oder sind sie hier?
Er hat sie gut versteckt.
Ich hab sie nicht entdeckt.

3. Ostereier, schaut, hurra!
Bunte Eier liegen da.
Er hat sie gut versteckt,
wir haben sie entdeckt.

Variante

Die Spielleitung versteckt ein Nest mit bunten Eiern im Raum.
Während des Liedes geht sie mit den Kindern suchend durch den Raum. Am Ende des Liedes entdecken sie die bunten Eier.

Ostervers

Material: farbiges Plastikosterei, Körbchen, Ostergras, Tuch

Vorbereitung

Die Spielleitung legt ein buntes Osterei in ein Körbchen o. Ä., das mit Ostergras ausgepolstert ist, deckt es mit einem Tuch ab und stellt es in die Mitte des Sitzkreises:

Psst, wer sitzt da,	Finger an den Mund legen,
schnuppert mit der Nase.	schnuppern.
Oh, das ist doch ein Osterhase.	Faust machen, Zeigefinger und Mittelfinger als Hasenohren ausstrecken.
Er läuft davon und	Hand bewegen, mit den beiden
wackelt mit den Ohren.	Fingern wackeln.
Schaut mal! Hat er was verloren?	Andere Hand senkrecht über die Augen halten.
Was Buntes liegt da in dem Gras,	
wo eben noch der Hase saß.	
Kinder kommt ganz schnell herbei!	Kinder herbeiwinken.
Da liegt ein buntes Osterei.	Osterei aufdecken.

Fünf Osterhasen
(Fingerspiel)

Material: evtl. kleines Holzosterei

Ein großer, dicker Osterhas',	Daumen zeigen.
sitzt allein im grünen Gras.	
Ein langer Hase kommt herbei,	Zeigefinger hüpfen
schnell kommt er gehüpft,	lassen.
jetzt sind sie schon zwei.	
Da kommt noch ein Hase,	
wackelt mit seinem Schwänzchen.	Mit Mittelfinger wackeln.
Nun sind sie schon drei	
und machen ein Tänzchen.	Drei Finger tanzen lassen.
Da kommt noch ein Hase,	Ringfinger zeigen.
fragt, was macht ihr denn hier?	
Da rufen sie ihn zu sich und	
dann sind sie vier.	
Der fünfte Hase schleppt ein Ei	Kleinen Finger zeigen.
und bunte Farben herbei.	
Jetzt bemalen fünf Osterhasen ein Osterei.	

Variante
In die linke Hand ein kleines buntes Ei legen (z. B. ein kleines Holzosterei). Die Hand schließen und beim letzten Satz öffnen und das bunte Ei zeigen.

Der bunte Osterhase

Nr. 35

*2. In der Sonne sitzt ein Hase,
malt bunt die Ostereier an.
Taucht den Pinsel in die blaue Farbe auch
und greift dann damit an seinen Bauch.
Und wisst ihr, was ich dann seh?
Blau ist sein Bauch, oh, weh, oh weh.
Blau ist sein Bauch, oh, weh, oh weh.*

*3. In der Sonne sitzt ein Hase,
malt bunt die Ostereier an.
Hat beim Malen die Farbe Gelb verloren,
greift dann danach an seine Ohren.
Und wisst ihr, was ich dann seh?
Gelb sind die Ohren, oh, weh, oh weh.
Gelb sind die Ohren, oh, weh, oh weh.*

*4. In der Sonne sitzt ein Hase,
malt bunt die Ostereier an.
Taucht den Pinsel in die grüne Farbe ein
und greift danach damit an sein Bein.
Und wisst ihr, was ich dann seh?
Grün ist das Bein, oh, weh, oh, weh.
Grün ist das Bein, oh, weh, oh, weh.*

*5. In der Sonne sitzt ein Hase,
malt bunt die Ostereier an.
Fertig gemalt sind viele bunte Eier,
ganz schön bunt gemalt für die Osterfeier.
Und wisst ihr, was ich dann seh?
Ein bunter Hase hüpft davon, oh, weh.
Bunt, wie die Eier, oh, weh, oh, weh.*

*Schlussteil:
Rot ist der Kopf, blau ist der Bauch,
gelb sind die Ohren und grün ist das Bein.
Wenn ihr so einen Hasen seht,
dann kann es nur dieser Osterhase sein.*

Sankt Martin

In vielen Kindereinrichtungen ist das Laternenlaufen zu Sankt Martin oder in weniger katholisch geprägten Regionen zu Herbstbeginn ein festes Ritual. Mit den älteren Kindern werden dafür Laternen gebastelt.
Die Kinder ziehen mit Geschwistern, Eltern und BetreuerInnen durch den Ort. Gemeinsam werden dabei Laternenlieder gesungen. Die leuchtenden Laternen faszinieren bereits Kleinstkinder.

Laternenumzug

Material: selbst gebastelte oder gekaufte Laternen mit LED-Lichtern, ggf. Feuerholz oder Wunderkerzen

Die Kinder treffen sich mit einem oder mehreren Elternteilen und anderen Betreuungspersonen an einem Treffpunkt. Alle Kinder haben eine Laterne dabei. Nicht selten findet vor dem eigentlichen Laternenlaufen ein Essen statt, bei dem jeder etwas mitbringt wie Hörnchen, Brote, Obst o. Ä., das er mit anderen teilen kann. Dieses Ritual geht auf den heiligen Sankt Martin zurück, der seinen Umhang mit dem Schwert durchteilte, um ihn mit einem Bettler zu teilen.

Rituale zu den Feiertagen

Der Umzug führt zu einer Stelle, an der eine Überraschung für die Kinder vorbereitet ist (Beispiel: Lagerfeuer, Wunderkerzen, Konzert des ortsansässigen Musikvereins o. Ä.).

Leuchtende Laternen und passende Lieder verbreiten eine festliche Atmosphäre.

Seht mal meine schöne Laterne

Nr. 36

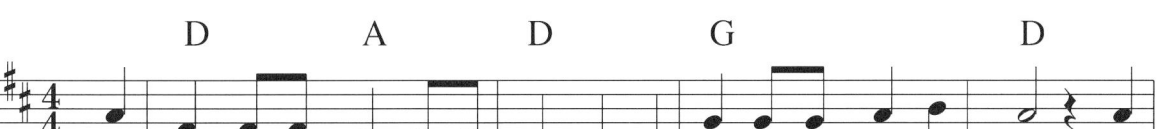

Seht mal mei-ne schö-ne La-ter-ne, die ha-be ich selbst ge-macht. Sie

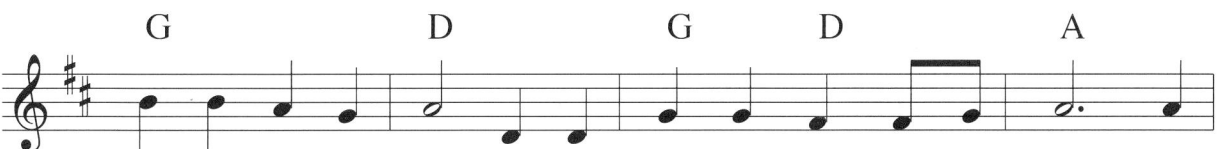

leuch-tet wie die Ster-ne für Dich und mich durch die Nacht. Sie

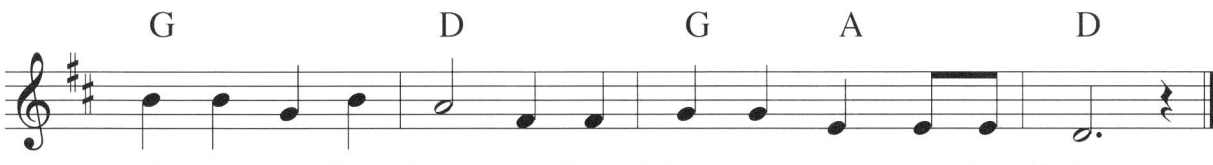

leuch-tet wie die Ster-ne für Dich und mich durch die Nacht.

Laternenfest

Advent

Die Adventszeit ist eine besondere Zeit im Jahr. Überall ist es zu sehen und zu hören, Weihnachten ist nicht mehr weit. Eine besondere Stimmung liegt in der Luft. Musik, Lichterglanz und besondere Leckereien lassen Kinderaugen strahlen und in Erwachsenen Erinnerungen an ihre Kindheit wach werden. Jetzt ist die Zeit der Besinnlichkeit und des Wartens. Diese besondere Stimmung nehmen auch Kleinstkinder wahr und mit Ritualen wird ihre Vorfreude auf Weihnachten geweckt.

Adventskalender

Der Adventskalender zeigt die Tage an, die bis Weihnachten bleiben, und beginnt am 1. Dezember. Durch ihn erfahren die Kinder, wie die Zeit voranschreitet, und er verstärkt die Vorfreude auf das Weihnachtsfest. Das Ritual des täglichen Türchenöffnens o. Ä. kommt dabei dem Bedürfnis von Kleinstkindern nach Wiederholungen entgegen und wird deshalb mit Begeisterung aufgenommen.

Auch die jüngeren Kinder können akzeptieren, dass sie nicht jeden Tag mit dem Kalender an der Reihe sind, und lernen sich mit anderen Kindern mitzufreuen, wenn diese eine Tür, ein Säckchen o. Ä. öffnen dürfen.

Material: Socken, Säckchen oder Tüten, Seil, kleine Geschenke, Fotos der Kinder, Dose o. Ä.; evtl. Schokoladen-Adventskalender

Es gibt viele Möglichkeiten, einen Adventskalender zu gestalten: Die Spielleitung kann z. B. Socken, Säckchen oder Tüten an einem Seil befestigen und im Raum aufhängen, dies ergibt auch eine schöne Raumdekoration.
Um festzulegen, wer den Adventskalender öffnen darf, können die Kinder z. B. Lose ziehen. Dazu druckt die Spielleitung ein kleines Foto (etwa Passbildgröße) jeden Kindes aus. Die Fotos werden ausgeschnitten, zu einem Los gerollt und in eine Dose o. Ä. gelegt. Im Morgenkreis wird täglich ein Los gezogen und nachgesehen, wer an diesem Tag an der Reihe ist.

Variante „Adventsfenster"

Sollten viele Familien in unmittelbarer Nähe der Einrichtung wohnen, kann mit den Familien zusammen ein ganz besonderer Adventskalender gestaltet werden. Dazu schmückt jeden Tag eine andere Familie ein Fenster ihres Hauses besonders, indem sie z. B. Kerzen am Fenster aufstellt, viele Sterne ins Fenster klebt, das Fenster mit Schleifenbändern und einer Weihnachtskrippe dekoriert. Gut ist es, den Eltern hierfür einige Anregungen zu geben. Die Spielleitung erstellt eine Liste, zu welcher Familie die Gruppe an welchem Tag geht, damit die Familie weiß, wann sie das Adventsfenster schmücken soll.

Jeden Tag im Advent spaziert die Gruppe zu einem anderen Adventsfenster. Die Spielleitung spricht mit den Kindern darüber, wer in diesem Haus wohnt und sich die schöne Dekoration ausgedacht hat. Wenn die Familien Lust haben, können sie auch kleine Überraschungen (Lebkuchen, Strohsterne, ein Weihnachtslied, das aus dem Fenster erklingt, u. Ä.) für die Kinder bereithalten.

Damit die Kinder sehen können, wer schon besucht wurde, wird dies im Gruppenraum visualisiert. Dazu entfernt die Spielleitung die Schokolade aus einem Adventskalender und steckt stattdessen kleine Fotos der Kinder oder Familien hinter die Türchen. Immer nach dem Spaziergang zu einem Adventsfenster wird im Gruppenraum das passende Türchen im Adventskalender geöffnet.

Adventskranz

1839 gab es in der Nähe von Hamburg einen Pfarrer, der hieß Johann Hinrich Wichern. Er nahm Kinder bei sich auf, die ohne Eltern waren und in großer Armut lebten. Da die Kinder während der Adventszeit immer fragten, wann denn endlich Weihnachten sei, baute er aus einem alten Wagenrad einen Adventskranz mit 20 kleinen roten und vier großen weißen Kerzen als Kalender. Jeden Tag der Adventszeit wurde nun jeweils eine rote Kerze mehr angezündet, an den Adventssonntagen eine große Kerze mehr, sodass die Kinder die Tage bis Weihnachten abzählen konnten. Daraus hat sich im Laufe der Zeit der Adventskranz aus Tannengrün mit vier Kerzen für die Adventssonntage entwickelt.

Material: LED-Teelichter, Adventskranz (mit Tannengrün selbst gebastelt oder fertig gebunden)

Die Spielleitung befestigt 4 LED-Teelichter auf einem Adventskranz. Echte Kerzen stellen gerade für eine Gruppe von Kleinstkindern eine Gefahr dar, sodass sie i. d. R. nicht verwendet werden. Jeweils am Montag nach dem Adventssonntag wird eine weitere Kerze feierlich „angezündet".

Hinweis: Da Kleinstkinder noch nicht zwischen echten und unechten Kerzen unterscheiden können, lässt die Spielleitung die Kinder auch die LED-Lichter nicht berühren und vermittelt den Kindern so, dass Kerzen generell heiß sind.

Eine Kerze brennt ...

Nr. 38

1. Eine Kerze brennt, nun ist Advent. Noch drei Kerzen, dann ist es soweit, dann ist endlich Weihnachtszeit, dann ist endlich Weihnachtszeit.

2. Zwei Kerzen brennen, nun ist Advent.
Noch zwei Kerzen, dann ist es soweit,
dann ist endlich Weihnachtszeit,
dann ist endlich Weihnachtszeit.

3. Drei Kerzen brennen, nun ist Advent.
Noch eine Kerze, dann ist es soweit,
dann ist endlich Weihnachtszeit,
dann ist endlich Weihnachtszeit.

4. Vier Kerzen brennen, es ist soweit.
Alle Kerzen brennen, nun ist es soweit,
jetzt ist endlich Weihnachtszeit,
jetzt ist endlich Weihnachtszeit.

Fünf Leute freuen sich gar sehr
(Fingerspiel)

Die Spielleitung stellt den Adventskranz vor sich hin und macht das folgende Fingerspiel vor. Die älteren Kinder können gerne mitmachen:

Fünf Leute freuen sich gar sehr,	Fünf Finger einer Hand bewegen.
Advent ist es und Weihnachten	Die Finger zur Faust schließen.
kommt gleich hinterher.	
Der Erste ruft:	Daumen herausstrecken, damit
„He, aufgewacht. Habt ihr	auf die anderen Finger klopfen.
an die Kerzen gedacht?"	
Der Zweite sagt:	Zeigefinger zeigt auf Adventskranz.
„Die stehen schon hier.	Mit Zeigefinger auf die Kerzen
Zähle nach!	zeigen.
Es sind eins, zwei, drei, vier."	
Der Dritte sagt:	Mittelfinger bewegen.
„Kommt alle her,	
Kerzenlicht gefällt mir sehr."	
Der Vierte fragt:	Ringfinger bewegen.
„Wie viele zünden wir an?	
Wie viele Kerzen sind heute dran?"	
Der Fünfte,	Kleinen Finger bewegen.
der ist wirklich tüchtig.	
„Eine Kerze muss brennen",	Kerzenzahl passend variieren:
sagt er, „und das ist richtig."	*„Drei Kerzen müssen brennen und das ist richtig"* usw.
Gemeinsam zünden sie sodann,	Kerze(n) anzünden.
eine Kerze am Adventskranz an.	Entsprechend der Anzahl der Kerzen zählen: „… 1, 2, 3 Kerzen am Adventskranz an".

Nikolaus

Sankt Nikolaus lebte um 300 nach Christus als Bischof im türkischen Myra, einem kleinen Ort etwa 100 km südwestlich von Antalya. Als Sohn reicher Eltern soll er seinen Besitz und alles, was er darüber hinaus noch erbettelte, an Arme und an Kinder verschenkt haben. Zu Ehren des Heiligen Nikolaus wurde sein Todestag, der 6. Dezember, zum Nikolaustag.

Wenn der Nikolaus an diesem Tag durch die Straßen geht, hat er einen großen Sack voller Geschenke bei sich, die er an brave Kinder verteilt. Dieser Brauch geht auf eine Legende zurück, nach der Nikolaus mithilfe von Geldgeschenken, die er heimlich durchs Fenster und durch den Kamin warf, drei Töchter einer verarmten Familie vor der Prostitution rettete.

Nikolaus-Stiefel

In vielen Familien werden am Abend vor Nikolaus geputzte Stiefel vor die Tür gestellt. Es gibt aber auch die Tradition, leere Teller für die Gaben des Nikolaus bereitzustellen bzw. eine Möhre für den Esel des Nikolaus auf den Teller zu legen. Diese Traditionen können auch in Einrichtungen übernommen werden.

Material: Hausschuhe, Teller o. Ä., Süßigkeiten oder kleine Geschenke

Auch in der Kindereinrichtung ist der Nikolaustag etwas Besonderes. Die Kinder lieben die Spannung, die entsteht, wenn sie am Vortag des Nikolaustages ihre Hausschuhe, Teller o. Ä. vor die Tür stellen. Dazu erzählt ihnen die Spielleitung kurz etwas über den Nikolaus.

Am nächsten Morgen finden sie dann beim Betreten der Einrichtung eine Kleinigkeit vor. „Hurra, der Nikolaus war da!" Die ganze Gruppe feiert den Nikolaustag mit Liedern, Reimen o. Ä.

Nikolaus spielen

Material: Schuhe, Bausteine o. Ä., ggf. rote Tücher zum Verkleiden

Die Kinder stellen Schuhe in einen Nebenraum, Flur o. Ä. Ein bis zwei Kinder füllen als Nikolaus (ggf. mit Tüchern verkleidet) diese mit Bausteinen u. Ä. Die Besitzer der Schuhe holen diese wieder herein und leeren sie. Dieses simple Spiel lieben Kleinstkinder und wiederholen es gern mehrfach.

Nikolaus
(Mitmach-Vers)

Alter: ab 1 ½ Jahren

Die Spielleitung sammelt die Kinder um sich herum und sie bewegen sich gemeinsam passend zu den Versen:

Am Abend vor dem Nikolaus, *da stell ich meine Schuhe raus.*	Pantomimisch Schuhe hinstellen.
Der Nikolaus, der Nikolaus, *schleicht in der Nacht* *leis um das Haus.*	Bei *„leis"* Finger auf den Mund legen, *„psst"* machen und leise schleichend bewegen.
Auf seinem Rücken, huckepack, *da schleppt er einen großen Sack.*	Bei *„groß"* großen Kreis mit den Händen machen und dann pantomimisch einen Sack schleppen und dabei herumgehen.
Angekommen vor dem Haus, *holt er die Geschenke raus.*	Stehen bleiben. Sack herunternehmen.
Und steckt dann im Nu *ein Geschenk in jeden Schuh.*	Pantomimisch Geschenke verteilen.
Hört er von drinnen einen Ton, *dann läuft der Nikolaus* *schnell davon.*	Hand an die Ohren und lauschen. Die Kinder rennen weg.

Hinweis: Die jüngeren Kinder können beim Mitmach-Vers zuschauen.

Rituale zu den Feiertagen   125

Lieber, guter Nikolaus

Nr. 39

Lie - ber, gu - ter Ni - ko - laus, komm doch auch zu uns nach Haus.

Ich stell mei - ne Schu - he hin, mor - gen ist be - stimmt was drin.

Ni - ko - laus, komm bald hier - her, denn dann freu ich mich so sehr.

Ni - ko - laus, Ni - ko - laus, komm doch bald zu mir.

Ni - ko - laus, Ni - ko - laus, ich dan - ke Dir da - für.

Vorweihnachtszeit

Die Vorweihnachtszeit ist eine Zeit der Besinnung und der Vorfreude auf Weihnachten. Schon die Allerkleinsten lieben die feierliche Stimmung, die durch Lichterketten und andere vorweihnachtliche Dekoration entsteht. Gemeinsames Lesen, Dekorieren oder Backen u. Ä. lässt die Zeit bis Weihnachten kürzer werden und die Vorfreude auf Weihnachten steigern.

Weihnachtsgeschichte lesen

Die Kinder lieben es, gemütlich in der Kuschelecke zu sitzen oder zu liegen und die Weihnachtsgeschichte vorgelesen zu bekommen.

Material: Weihnachtsgeschichte

Die Spielleitung wählt ein Weihnachtsbilderbuch mit der Weihnachtsgeschichte aus, das sie den Kindern immer wieder vorliest bzw. erzählt. Das Vorlesen verschiedener Bilderbücher mit der Weihnachtsgeschichte führt in dieser Altersstufe zu unnötigen Verwirrungen. Kleinstkinder lieben es, immer die gleiche Geschichte zu hören und dazu die gleichen Bilder zu sehen.

Weihnachtskrippe

Mit einer Weihnachtskrippe ist es lebendiger und schöner, den Kindern die Weihnachtsgeschichte näherzubringen und sie zusammen nachzuspielen. So können sich die Kinder viel besser vorstellen, was vor über 2000 Jahren in der Weihnachtsnacht geschah. Sie können die Figuren anfassen und mit der Weihnachtskrippe spielen.

Material: Tablett o. Ä., Weihnachtskrippe mit Figuren, Dekoration (Tannenzweige, Holz o. Ä.)

Die Spielleitung baut gemeinsam mit den Kindern die Weihnachtskrippe auf einem Tablett o. Ä. auf. So kann sie immer wieder auf den Boden gestellt werden, damit die Kinder sie berühren und damit spielen können.

Die Kinder dekorieren die Krippe nach ihren eigenen Ideen, z. B. mit Zweigen, die bei einem Waldspaziergang gesammelt wurden, oder Holz vom Freigelände.

Hinweis: Bitte beachten, dass die Figuren usw. keine verschluckbaren Kleinteile enthalten.

Plätzchen backen

Das gemeinsame Backen, Verzieren und natürlich Essen von Weihnachtsplätzchen ist ein schönes Ritual in der Vorweihnachtszeit. Da Kleinstkinder alles in den Mund stecken, also auch den rohen Teig, ist einem Teig ohne Eier der Vorzug zu geben. Bei rohen Eiern besteht Salmonellengefahr.

Material: Mixer, Plastikschale, Waage, Kuchenrolle, Backförmchen
Zutaten: 100 g Zucker, 200 g Butter (Zimmertemperatur), 300 g Mehl, 1 Prise Salz, 1 Päckchen Vanillezucker

Die Kinder verkneten alle Zutaten miteinander. Den Teig stellt die Spielleitung für 1–2 Stunden kühl.
Die Kinder rollen den Teig entweder aus und stechen ihn dann mit Förmchen aus oder formen ihn mit den Händen zu Kugeln u. Ä.
Die Plätzchen kommen bei ca. 180 Grad Ober- und Unterhitze bzw. bei 170 Grad Umluft ca. 12–18 Minuten in den Backofen.

Bratäpfel

Der Duft von Bratäpfeln, der durch die Räume zieht, lässt Jung und Alt das Wasser im Mund zerlaufen. Für Kleinstkinder wird eine einfache Variante hergestellt, da sie oft keine Rosinen mögen und Nüsse und Mandeln wegen Allergien bzw. Verschlucken zu riskant sind. Nachdem die Schale entfernt wurde, können die weichen Äpfel für die Jüngsten gut zerdrückt werden.

Material: Apfelstecher, Backform,
Zutaten: Winteräpfel (Boskop o. Ä.), Marmelade, Butter

Die Spielleitung sticht das Kerngehäuse der Äpfel großzügig aus – am besten den unteren Teil als „Boden" stehen lassen.
Sie füllt die Marmelade in die Äpfel und gibt diese in eine gefettete Form.
Oben auf die Äpfel kommt ein Flöckchen Butter.
Die Äpfel werden im vorgeheizten Backofen bei 180 Grad ca. 30 Minuten gebacken.

Jung trifft Alt zur Weihnachtszeit

Eine schöne Tradition ist es, wenn die Kinder in der Vorweihnachtszeit (und nicht nur dann) SeniorInnen in einem in der Nähe liegenden Heim oder in einer Tagesstätte besuchen. Davon profitieren beide Seiten.

Weihnachtslichterglanz

2. Lichter sind an jedem Haus,
alles sieht so festlich aus.
Ich steh da und freue mich,
denn sie leuchten auch für mich.

3. Weihnachtsbaum in uns'rem Haus,
du siehst hell und freundlich aus.
Ich stehe da und freue mich,
denn du leuchtest auch für mich.

Hurra, hurra, Weihnachten ist bald da

Kurz vor Weihnachten kann der Text in „*Weihnachten ist nun da …*" geändert werden.

Rituale für die Elternarbeit

Kindereinrichtungen arbeiten nach einem familienergänzenden Konzept. Mitbestimmung der Eltern, Informationsaustausch und Begegnung auf Augenhöhe sind erforderlich und fördern eine positive Atmosphäre. Eine Erziehungspartnerschaft kann gelingen, wenn jede Seite auch die Perspektive der anderen Beteiligten kennt, akzeptiert und im Blick behält.

Erst- und Anmeldegespräche

In den ersten Kennenlerngesprächen wird die Basis für die weitere Zusammenarbeit gelegt. Deshalb sind sie sehr entscheidend für den Aufbau von gegenseitigem Vertrauen und Respekt.

Feste Rituale helfen der Fachkraft, Kontakt aufzubauen und alle wichtigen Informationen zu erfragen und weiterzugeben.

Auch, wenn in den Anmeldegesprächen viel unter Erwachsenen gesprochen werden muss, ist es wichtig, das Kind so viel wie möglich einzubeziehen und einen positiven Beziehungsaufbau zu beginnen.

Eine Spiel- und Krabbelecke im Besprechungsraum, Leitungsbüro usw. bietet dem Kind Beschäftigung.

Einrichtungs-Flyer

Ein Flyer über die Einrichtung ist eine gute Gesprächshilfe, um die Einrichtung erst einmal allgemein vorzustellen. Neben sachlichen Informationen zu Gebäude, Gruppengrößen, Ausbildungen der MitarbeiterInnen, Träger usw. enthält er Eckpunkte der Konzeption.

Rundgang durch die Einrichtung

Ein festes Schema, nach dem ein Informationsrundgang erfolgt, hilft dabei, nichts zu vergessen und die Besonderheiten der Einrichtung hervorzuheben.

Der Fokus liegt dabei auf dem Kind. Deshalb wird vom Kind her argumentiert und erklärt. Die Fachkraft zeigt den Eltern beispielsweise, welche Lerninhalte ihrem Kind durch Räume, Materialien usw. vermittelt werden. Das betroffene Kind wird beim Rundgang immer wieder angesprochen und einbezogen.

Fragebogen

Ein Fragebogen hilft, alle für die Betreuung relevanten Dinge zu notieren. Neben den wichtigen Daten werden Vorlieben und Abneigungen des Kindes, innerfamiliäre Rituale und Erziehungswerte erfragt. Dies unterstützt den Bindungs- und Vertrauensaufbau zu Kind und Eltern, zeigt das Interesse der Fachkräfte am Kind und seiner Familie und hilft die Eingewöhnung und Zusammenarbeit positiv zu gestalten.

Zusammenarbeit mit den Eltern

Damit sich die Kinder in der Krippe wohlfühlen, ist eine gute Zusammenarbeit mit den Eltern unerlässlich. Verschiedene Rituale und Gebräuche können Eltern dabei unterstützen, Vertrauen zu der Einrichtung aufzubauen, um ihre Kinder leichten Herzens abzugeben.

Die Personalwand

Material: Pinnwand, Poster o. Ä., Pinnnadeln, Stifte, Digitalkamera, Drucker

Damit Eltern wissen, mit wem sie es in der Einrichtung zu tun haben, ist eine Personalwand wichtig. Auf einer Pinnwand, einem Poster o. Ä. werden alle MitarbeiterInnen der Einrichtung mit Namen, Foto, Funktion, relevanten Ausbildungen und Fortbildungen vorgestellt.
Lebendiger wird das Ganze noch, wenn jeder einen Lieblingsspruch zum Thema Kind, ein schönes Erlebnis mit einem Kind (anonymisiert) o. Ä. dazuschreibt.
Wichtig ist es, diese Personalwand zu pflegen und auf dem Laufenden zu halten. Es hilft, wenn es jemand gibt, der dafür zuständig ist. Auch die Fotos werden nach Ablauf eines Kindergartenjahres ausgetauscht, um aktuell zu bleiben.

PraktikantInnen vorstellen

Material: A4-Kopierpapier, Drucker, Digitalkamera

PraktikantInnen werden den Eltern schriftlich vorgestellt, denn Eltern haben ein Recht darauf, zu erfahren, wer mit ihrem Kind arbeitet.
Es hilft den PraktikantInnen, wenn es in der Einrichtung ein Formular für einen Steckbrief gibt, das sie ausfüllen können.
Dieses enthält Überschriften und Platzhalter für Name, Foto, Zeit und Grund des Praktikums, Vorerfahrungen mit Kindern und für Sonstiges. Weiter kann im Steckbrief stehen, dass der oder die PraktikantIn Fotos von den Kindern für seinen Praktikumsbericht machen möchte und Eltern sich melden sollen, wenn sie damit nicht einverstanden sind.

Einblicke in die Arbeit

Gerade im U-3-Bereich ist es für die Eltern wichtig, viele Informationen von der Spielleitung zu erhalten. Die meisten Kinder sind in diesem Alter noch nicht in der Lage, den Eltern mitzuteilen, was sie in der Einrichtung erlebt haben. Feste Rituale wie Wochenrückblicke, Monatszeitungen u. Ä. helfen, Informationen gebündelt weiterzugeben, Fachlichkeit zu zeigen und Einzelgesprächszeiten zu reduzieren.

Material: Laptop, Druckpapier, Drucker, Tagebuch, digitalisierte Fotos, digitaler Bilderrahmen o. Ä., Papprollen, buntes Bastelpapier, Kleber, Pappe, Wäscheleine, bunte Holzklammern

Wochenrückblick

Ein Wochenrückblick enthält das Datum (von … bis …) und in Kurzform Informationen zu den Aktivitäten der vergangenen Woche.
Eventuell können dazu noch Lerninhalte ergänzt werden.
Ein Wochenrückblick ist auch eine Hilfe, um die Arbeit im Nachhinein zu reflektieren.

Erlebnis-Tagebuch

Eine weitere Möglichkeit ist es, ein Tagebuch zur Einsicht in den Eingangsbereich der Gruppe zu legen und dort hinein jeden Tag kurz Aktivitäten, Besonderheiten, Anekdoten u. Ä. einzutragen.

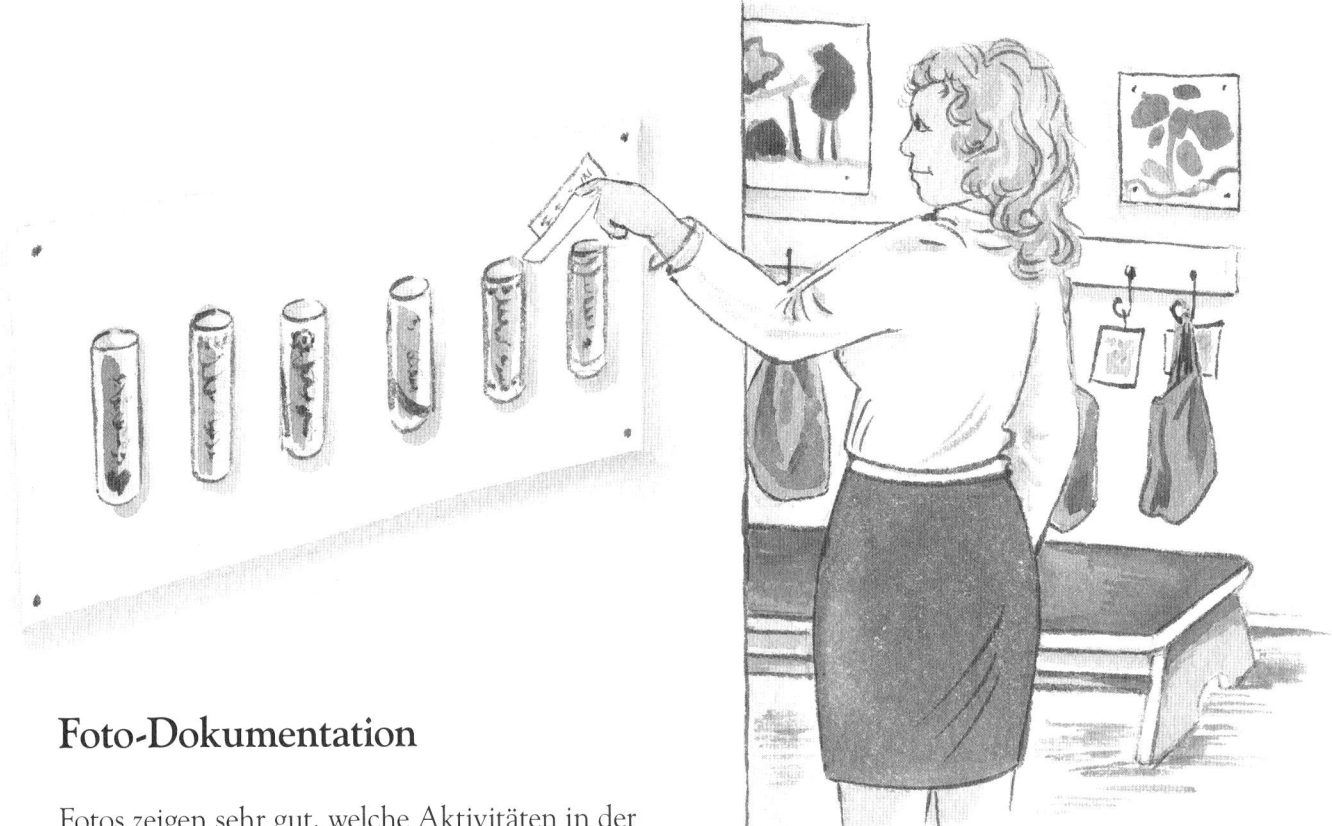

Foto-Dokumentation

Fotos zeigen sehr gut, welche Aktivitäten in der Gruppe durchgeführt wurden. Sie machen die Stimmung dabei deutlicher als Texte.
Fotos werden im Gruppenraum aufgehängt, in einem Fotoalbum oder als Diashow im Eingangsbereich präsentiert (digitaler Bilderrahmen u. Ä.). Dies geschieht zeitnah und wird laufend aktualisiert.

Elternzeitung

In regelmäßigen Abständen werden Eltern mit einer kleinen Zeitung über erfolgte und geplante Aktivitäten informiert. Fotos werten das Ganze auf.
Artikel über Bildungs- und Erziehungsthemen ergänzen die Informationen.

Elternpost

Für Informationen wie Elternbriefe, Einladungen, Rechnungen u. Ä. benötigen die Eltern ein Postfach. In das Garderobenfach gelegte Zettel gehen schnell verloren und wirken unprofessionell. Schöne Postfächer können selbst hergestellt werden.
Sie sollen so gestaltet werden, dass auf den ersten Blick zu sehen ist, wenn es neue Post gibt.

Hier ein paar Beispiele:
- **Pappollen-Postfächer**

Die Rollen (z. B. von Toilettenpapier) werden mit buntem Papier beklebt. Das Garderobenzeichen oder den Name des Kindes darauf kleben.
Die Rollen anschließend auf eine schöne Pappe o. Ä. kleben.
Das Ganze gut sichtbar im Eingangsbereich der Gruppe aufhängen.

- **Post-Leine**

Auf bunte Holzklammern wird jeweils ein Foto eines Kindes, der Name oder das Garderobenzeichen geklebt.
Eine Leine wird an der Wand im Eingangsbereich angebracht und Klammern daran verteilt. Nun kann die Post entsprechend aufgehängt werden.

Elternabend

Elternabende sind neben Elterngesprächen die klassische Form der Elternarbeit in Kindereinrichtungen und eine effektive Methode, um Informationen über die pädagogische Arbeit zu geben. In der Regel werden sie so gestaltet, dass darüber hinaus das Kennenlernen und der Austausch der Eltern untereinander erfolgen.

Material: Papier, Stift, vorbereitete Fragezettel, ggf. Memorykärtchen, Fäden, Schere, Bonbons, Körbchen, Tuch

Die Spielleitung begrüßt immer zuerst die Eltern und stellt anschließend ggf. sich und das Team vor.
Sie gibt einen Überblick über den Elternabend, um ein souveränes und strukturiertes Vorgehen zu vermitteln.
Damit die Eltern sich untereinander kennen lernen, folgt eine Vorstellungsrunde oder ein gut gewähltes Kennenlernspiel. Eltern finden es oft einfacher, jemand anderes vorzustellen als sich selbst. Dafür werden Paare gebildet und gemeinsam Antworten auf von der Spielleitung vorbereitete Fragen gefunden. Paare können z. B. mittels Memorykärtchen, Fäden gleicher Länge, Bonbons in gleicher Geschmacksrichtung u. Ä. gebildet werden. Die Spielleitung legt die Dinge in ein Körbchen, deckt dies mit einem Tuch ab und lässt die Eltern ziehen. Die so gebildeten Paare erhalten die entsprechenden Fragenzettel, sprechen miteinander und stellen sich später im großen Kreis gegenseitig vor.
Während eines Vortrages ist es wichtig, dass die Spielleitung Blickkontakt zu den Eltern hält, lebendig und anschaulich spricht, ggf. Anschauungsmaterial oder Medien nutzt und wenn möglich, die Eltern durch Fragen, Gruppenarbeiten u. Ä. einzubeziehen. Anschließend ist genügend Zeit für den Austausch der Eltern untereinander einzuplanen.

Der Fragekasten

Viele Fragen, die Eltern auf den Nägeln brennen, stellen sie auch im direkten Gespräch. Hin und wieder mag es Fragen und Anliegen geben, die Eltern sich nicht trauen, offiziell zu stellen. Ein Fragekasten eröffnet die Möglichkeit, anonym Fragen zu stellen oder Bemerkungen zu machen.

Material: Karton o. Ä, Stifte, Zettel, Pinnwand

Dazu wird ein Karton o. Ä. entsprechend gestaltet und im Eingangsbereich der Kita zugänglich gemacht. Die Spielleitung legt Stifte und Zettel dazu.
Eine Pinnwand für Antworten wird gut einsehbar angebracht.
Die Eltern werden über die Möglichkeiten des Fragekastens informiert. Es können sowohl anonyme als auch personalisierte Fragen gestellt werden.
Eine Mitarbeiterin ist für den Fragekasten zuständig und leert ihn regelmäßig.
Die Fragen werden in den Teamsitzungen bearbeitet und zusammen mit den Antworten an die Pinnwand geheftet bzw. werden personalisierte Fragen den entsprechenden Eltern direkt beantwortet.

Entwicklungserinnerungen

Damit die Zeit in der Gruppe unvergesslich bleibt, braucht jedes Kind Erinnerungen, festgehalten z. B. in einem Erinnerungsbuch, in das Fotos und gemalte Bilder eingeklebt werden. Es entsteht nach und nach ein ganz persönlicher Schatz mit Erinnerungen, den sich auch die Eltern immer wieder gerne gemeinsam mit ihren Kindern anschauen.

Erinnerungsbuch

Material: schön gestalteter Notizblock o. Ä., Fotos des jeweiligen Kindes

Die Spielleitung legt für jedes Kind ein Erinnerungsbuch an. Dort werden Daten wie der Eintrittstermin in die Gruppe und Entwicklungsschritte festgehalten.
Wichtige Ereignisse und Anekdoten werden mit Datum aufgeschrieben. Fotos machen das Buch lebendiger. Das Buch erhält das Kind zur Erinnerung, wenn es aus der Gruppe ausscheidet.

Portfolio

Portfolio (aus dem Lateinischen „portare" = tragen und „folium" = Blatt) bedeutet eine Sammlung von Objekten eines bestimmten Typs. In den Kindereinrichtungen wird darunter eine Sammlung von Werken, Gedanken und Entwicklungsschritten des Kindes verstanden. Ein Portfolio begleitet das Kind während der Zeit in der Einrichtung und darüber hinaus.

Material: Ordner, Blätter A4, Stifte, Fotos und Werke des Kindes

Portfolios enthalten Informationen über das Kind (das bin ich, ich mag, das kann ich schon, das will ich lernen …), über seine Entwicklung (das habe ich gelernt, das hat sich verändert …), sein soziales Umfeld (Familie, Freunde …), besondere Highlights (Geburtstagsfeier, Ausflüge, Projekte …) und kreative Werke des Kindes (als Original oder als Fotos).

Gemeinsam mit dem Kind wird Material vom Alltag in der Gruppe gesammelt. Auch die Eltern dürfen mit ihrem Kind etwas zum Portfolio beitragen.

Das Portfolio gehört dem Kind, und es begleitet das Kind während der gesamten Zeit in der Einrichtung.

Die Ordner befinden sich an einem für die Kinder leicht zugänglichen Ort, sodass sie ihr Portfolio immer wieder ansehen können. Jedes Kind darf selber bestimmen, ob es anderen Kindern seinen „Ordner" zeigen möchte.

Das Portfolio findet auch in den Entwicklungsgesprächen Verwendung.

Ein hilfreiches Ritual ist die Durchführung eines festen Portfoliotages in der Woche. Die Spielleitung sieht sich an diesem Tag mit den Kindern ihre Portfolios an, spricht mit den Kindern darüber und gemeinsam werden neue Inhalte ergänzt.

Beim Ausscheiden aus der Gruppe nimmt das Kind sein Portfolio mit.

Anhang

Register

Eingewöhnung und Abschiednehmen:
Abschiedstag	15
Erinnerungsgeschenk	15
Familienfoto gegen Heimweh	10
Familienschildchen basteln	10
Kennenlernen über drei Ecken	11
Mamas Tuch	10
Nicht ohne meinen Teddy	8
Räume kennen lernen	12
Vorfreude-Kalender	13
Vorfreudeweg	13
Wechsel in eine andere Einrichtung	14
Wechsel in eine andere Gruppe	14

Fester Tagesablauf:
Ablauf eines Morgenkreises	20
Abschiedsfenster	19
Abschiedsrituale	32
An- und Abwesenheitsleisten	17
Begrüßung des einzelnen Kindes	16
Begrüßungs-Spiegel	19
Einschlaf-Ritual	29
Gemeinsamer Beginn der Mahlzeiten	25
Gemeinsames Tischdecken	24
Seht her, ich bin jetzt da!	19
Tischsets als Vorlage für Gedecke	24

Auch die Tiere schlafen	31
Auf Wiedersehen	33
Das Spielen ist zu Ende	34
Der Tisch ist gedeckt	28
Fünf Leute (Fingerspiel)	34
Leckres Essen, das macht alle froh	28
Hallo, guten Morgen	22
Halli, hallo	23
Ost- und Südwind (Vers)	22
Schlafe, schlafe	30
Tischverse	26
Wir sitzen hier zusammen	27

Liebevolle Körperpflege:
Kleiderzauber	41
Toiletten-Buch	38
Wickeltisch-Mobile	36

Händewasch-Lied	39
Händewasch-Vers	40
Jetzt zieht Luise ihre ... an	42
Pitsch und Patsch	37
So geht das Anziehen	43
Wickeltischverse	35
Zähneputzen mit dem Krokodil (Vers)	40

Gutes Miteinander in der Gruppe:

Aufräumspiele	47
Entschuldigung-Baustein	51
Gemalte Freundschaft	51
Gemeinschaftsrituale	44
Gruppenbaum	45
Krippenwagenritual	54
Rituale, um zusammenzubleiben	54
Trostkniereiter	53
Trostrituale	52

Alle Kinder räumen auf	48
Aufräumen ist gar nicht schwer	49
Aufräumvers	47
Eine lange Schlange	55
Trostvers	52
Wir sind eine Super-Truppe	45
Was wir zusammen können	46

Besondere Gelegenheiten:

„Adventskalender" für Geburtstage	58
Blumenkalender	59
Bücher zum Geschwisterthema	67
Familienausflug	71
Geburtstags-Eisenbahn	58
Geschenke für das Baby	67
Großelternfest	70
Hurra, das Baby ist da	68
Ich-freue-mich-auf-das-Baby-Collage	67
Jahreszeitenkalender	56
Papa-Kind-Feste oder -aktionen	71
Rituale für die Geburtstagsfeier	62
So groß ist das Baby jetzt	67
Sommerfest	69

Fünf Finger, die sind heute hier (Fingerspiel)	66
Gemeinsam feiern heute wir	64
Warum wir heute feiern	65
Weil du heut Geburtstag hast	63

Entwicklungsschritte:

Ab heute windelfrei	80
Das Gebiss	74
Erste-Worte-Poster	75
Füße-Feier	77
Schnullerbaum	79
Schnullerbett	80
Schnuller-Tauscher	79
Schnurps-Party	74
Zahnkalender	72

Der Zahn ist da (Vers)	74
Füße-Lied	78
Papagei-Lied	76

Jahreskreis:

Auf Frühlings-Entdeckungstour	82
Blätterregen	92
Blühende Zweige	82
Experiment „Schneeschmelze"	108
Frühlingsausstellung	81
Frühlingsmassage	83
Handschuh-Spiel	96
Kastanienbad	93
Kresse säen	84
Pfützen hüpfen	105

Planschbecken-Einweihung	88
Regenprasseln	104
Schlittenfahren	96
Schneeballschlacht	95
Schneesterne	108
Sonnentanz	88
Spuren im Schnee	108
Warme Sonne	103
Warme Steine spüren	103
Windspiele für draußen	107
Windspiele für drinnen	106
Winter-Glöckchen	96
Wetterscheibe	99

Danke, lieber Sonnenschein	104
Der Frühling ist da (Fingerspiel)	86
Der Herbst kommt an	93
Der Sommer ist da	90
Der Wind	107
Die Blume (Fingerspiel)	85
Die Sonne scheint … (Fingerspiel)	91
Fünf Bäume auf der Wiese … (Fingerspiel)	94
Fünf im Schnee (Fingerspiel)	97
Hallo, Sonne (Vers)	103
Hurra, hurra, der Frühling ist nun da	87
Ja, der Sommer	89
Regenlied	106
Regenreim	105
Schneelied	109
Wie ist das Wetter heute	102
Winterlied	98

Feiertage:
Adventskalender	119
Adventskranz	120
Bratäpfel	127
Jung trifft Alt zur Weihnachtszeit	127
Laternenumzug	116
Nikolaus spielen	123
Nikolaus-Stiefel	123
Ostereier-Dekoration	110
Ostereier suchen	111
Plätzchen backen	127
Weihnachtsgeschichte lesen	126
Weihnachtskrippe	126

Der bunte Osterhase	115
Eine Kerze brennt	121
Fünf Leute freuen sich gar sehr (Fingerspiel)	122
Fünf Osterhasen (Fingerspiel)	114
Hurra, hurra, Weihnachten ist bald da	128
Laternenfest	118
Lieber, guter Nikolaus	125
Nikolaus (Mitmach-Vers)	124
Osterlied	112
Ostervers	113
Seht mal meine schöne Laterne	117
Weihnachtslichterglanz	128

Elternarbeit:
Der Fragekasten	133
Die Personalwand	130
Einblicke in die Arbeit	131
Einrichtungs-Flyer	129
Elternabend	133
Erinnerungsbuch	134
Fragebogen	130
Portfolio	135
PraktikantInnen vorstellen	131
Rundgang durch die Einrichtung	129

Literatur

Zur Eingewöhnung

Ute Bendt, Claudia Erler: Willkommen in der Krippe!: Praxis-Tipps und Materialien zur Eingewöhnung, Verlag an der Ruhr 2011

Beate Andres, Dr. Éva Hédervári-Heller, Hans-Joachim Laewen: Die ersten Tage – Ein Modell zur Eingewöhnung in Krippe und Tagespflege, Cornelsen Scriptor 2011

Zu Ritualen

Gisela Mühlenberg: Jahreszeiten-Bastelkiste: Tolle Ideen für Kinder ab 2 Jahren – fürs ganze Jahr, für Kinderfeste und zwischendurch, Ökotopia 2011

Christel Langlotz, Bela Bingel: Kinder lieben Rituale: Kinder im Alltag mit Ritualen unterstützen und begleiten, für die Arbeit mit Kindern ab drei Jahren, Ökotopia 2010

Zur Elternarbeit

Ulrike Lindner: Eltern informieren, überzeugen und begeistern: Kita-Projekte originell dokumentiert – Flyer, Einladungen und Aushänge – Präsentationen mit Aha-Effekt", Verlag an der Ruhr 2011

Viva Fialka: Wie Sie die Zusammenarbeit mit Eltern professionell gestalten: Bildungs- und Erziehungspartnerschaft", Herder-Verlag, 2010

Antje Bostelmann: So gelingen Portfolios in der Krippe, Verlag An der Ruhr 2009

Yvonne Wagner: Portfolios in der Krippe: Entwicklungen dokumentieren mit Kindern unter drei Jahren – Handbuch, Bildungsverlag Eins 2010

Die Autorin

Margrit Dietze ist Erzieherin mit vielen Zusatzausbildungen, auch im Bereich Kleinkindpädagogik. Sie lebt und arbeitet in Bielefeld. Dort leitet sie eine Vollzeit-Kleingruppe für Kinder unter drei Jahren. Sie ist außerdem als Autorin und als Dozentin in der Fortbildung von ErzieherInnen tätig. Rituale sind für sie in der Arbeit mit den jungen Kindern, aber auch privat unverzichtbar und sehr wertvoll.

Wichtig ist es ihr, dass Erwachsene in der Arbeit mit den Kindern nicht nur die Lehrenden, sondern auch die Lernenden sind und stark davon profitieren, wenn sie sich aufmachen, die Welt mit Kinderaugen neu zu sehen.

Ein Gedicht von ihr beschreibt dies, wie folgt:

Meine neue Welt

Ich lass mich auf dich ein,
werd' mit dir wieder klein.
Seh staunend neu die Welt,
so, wie sie dir gefällt.

Du lehrst mich viele Sachen
ganz anders nun zu machen.
Du hinterfragst mein Leben.
Ich lerne neue Antwort geben.

Die Illustratorin

Annie Meussen, geb. 1949, lebt und arbeitet in den Niederlanden. Bereits als junges Mädchen erhielt sie ihren ersten professionellen Unterricht von ihrem Vater. Seither hat sie sich vor allem in der Detailzeichnung weiterentwickelt. Nach der Schulzeit arbeitete Annie Meussen als Erzieherin mit kranken Kindern in einem der wenigen Krankenhäuser, an die auch eine Schule angegliedert war. Seit 1990 ist sie selbstständige Illustratorin von Kinderbüchern und Kalendern.

Für den Ökotopia Verlag illustrierte Annie Meussen bereits folgende Bücher: Santa, Sinter, Joulupukki (2002), Käfer, Katze und Kaninchen (2003), Streicheln, Spüren, Selbstvertrauen (2003), Englische Bewegungshits (2004), Feste feiern und gestalten rund um die Jahresuhr (2005), Ganzheitliche Entspannungstechniken für Kinder (2006), Bewegung mit Musik macht Kinder stark (2007).

Der Musiker

Ralf Kiwit, Jg. 65 ist Musiker, Komponist, Musikproduzent und Musikpädagoge. Als Saxophonist ist er seit 1985 in unterschiedlichsten Bühnen-Projekten unterwegs. Als Komponist für Theatermusik hat er an vielen Bühnen in NRW gearbeitet. Heute komponiert und produziert er im eigenen subTONE Tonstudio in Dortmund Musik für CD-, Theater- und Fernseh-Produktionen. Einen Namen hat er sich durch viele Musik-CD- Produktionen für Kinder gemacht, von denen die meisten im Ökotopia Verlag erschienen sind.
www.subtone.de

Spiele und Förderung für die Kleinsten
Ökotopia Verlag

E-Mail: info@oekotopia-verlag.de
http://www.oekotopia-verlag.de
und www.weltmusik-fuer-kinder.de

Birgit Butz, Anna-Kristina Mohos, Unmada Manfred Kindel
Singen, spielen, erzählen mit Kindergebärden
Lieder, Fingerspiele und Reime mit den Händen begleiten – für Kinder von 0-4 Jahren

ISBN (Buch inkl. CD-ROM) 978-3-86702-180-7
ISBN (CD) 978-3-86702-197-5

E. Gulden · B. Scheer
Jetzt ist Krippen-Spielkreiszeit
Gestaltung regelmäßiger Spielkreise für Krippenkinder im Jahreslauf mit altersgerechten Liedern, Versen, Finger- und Rhythmusspielen

ISBN (Buch) 978-3-86702-151-7
ISBN (CD) 978-3-86702-152-4

Sybille Günther
Krippenkinder begleiten, fördern, unterstützen
Über 200 gezielte, spielerische Angebote für Kinder von 0 bis 3 Jahren

ISBN 978-3-86702-063-3

Horst Schwarz (Hrsg.)
Christine Loy, Tanja Jäger, Petra Torscher
Krippenkinder in Aktion
Praxisbuch mit vielen Ideen für spontane und geplante Angebote zur ganzheitlichen Entwicklungsförderung

ISBN 978-3-86702-121-0

Wolfgang Hering
Kunterbunte Fingerspiele
Fantastisch viele Spielverse und Bewegungslieder für Finger und Hände

ISBN (Buch) 978-3-936286-98-4
ISBN (CD) 978-3-936286-99-1

Wiebke Kemper
Rasselschwein & Glöckchenschaf
Mit Orff-Instrumenten im Kinder- und Musikgarten spielerisch musizieren – für Kinder ab 2

ISBN (Buch) 978-3-936286-17-5
ISBN (CD) 978-3-936286-18-2

Annegret Frank
Krabbeln, klecksen, kuscheln
Kindgerechte Praxisideen für den Krippenalltag

ISBN 978-3-86702-219-4

E. Gulden, B. Scheer
Singzwerge & Krabbelmäuse
Frühkindliche Entwicklung musikalisch fördern mit Liedern, Reimen, Bewegungs- und Tanzspielen für zu Hause, für Eltern-Kind-Gruppen, Musikgarten und Krippen

ISBN (Buch) 978-3-936286-36-6
ISBN (CD) 978-3-936286-37-3

Andrea Erkert
Kreisspiele für Krippenkids
Pausenfüller, Rituale, Stuhlkreis- und Sprachförder-Spiele für alle Gelegenheiten im U3-Alltag

ISBN 978-3-86702-246-0

Elke Schlösser
Sprachliche Entwicklung fördern von Anfang an!
Grundlagen und Praxisanregungen zur Sprachstärkung unter Dreijähriger in Familie, Tagespflege, Kindertageseinrichtung und Familienzentrum

ISBN (Buch) 978-3-86702-100-5
ISBN (MediaBook) 978-3-86702-101-2

Sybille Bierögel, sAntje Hemming
Sternstunden im Kleinkindturnen
Fantasievolle Turnstunden für Kinder von 1-5 Jahren in Kindertageseinrichtungen und Eltern-Kind-Gruppen

ISBN (Ordner) 978-3-86702-111-1
ISBN (CD) 978-3-86702-112-8

www.oekotopia-verlag.de

Ökotopia im Internet:
Alle Bücher und CDs finden Sie in unserem Online-Webshop

Exklusiv nur bei Ökotopia:
Lese- und Hörproben, kostenlose Liedertext-Datenbank, Schnäppchen, Veranstaltungstermine, Informationen zu den Ökotopia-AutorInnen …

Bleiben Sie mit uns in Verbindung

Fordern Sie unseren kostenlosen Magalog an:
Ökotopia Verlag
Hafenweg 26a · D-48155 Münster
Tel.: (02 51) 48 19 80 · Fax: 4 81 98 29
E-Mail: info@oekotopia-verlag.de

Monika Krumbach
Das Sprachspiele-Buch
Kreative Aktivitäten rund um Wortschatz, Aussprache, Hörverständnis und Ausdrucksfähigkeit
ISBN 978-3-936286-44-1

Sybille Günther
Hereinspaziert – Manege frei!
Kinder spielen Zirkus
ISBN (Buch) 978-3-936286-46-5
ISBN (CD) 978-3-936286-47-2

Johnny Lamprecht
Trommelzauber
Kinder lernen Trommeln und erleben Afrika mit Liedern, Rhythmen, Tänzen, Geschichten und Spielen
ISBN (Buch) 978-3-936286-86-1
ISBN (Doppel-CD) 978-3-936286-87-8

Sybille Günther
Bei Zwergen, Elfen und Trollen
Fantastische Spiele, Gestaltungsideen, Lieder und Geschichten aus zauberhaften Welten
ISBN (Buch) 978-3-936286-22-9
ISBN (CD) 978-3-936286-23-6

Ute Schröder
Das Mitmachgeschichten-Buch
Spannende, bewegte, lustige, märchenhafte, ruhige und fantastische Geschichten zum Mitspielen für Kinder von 4–8 Jahren
ISBN 978-3-86702-213-2

Mathilda F. Hohberger, Jule Ehlers-Juhle
Luftmusik & Feuerfarbe
Die vier Elemente für alle Sinne: spielen, gestalten, singen, tanzen und lebendig sein
ISBN (Buch) 978-3-86702-56-5
ISBN (CD) 978-3-86702-057-2

Sybille Günther
Kinder-Bauernhof-Spektakel
Spiele, Aktionen, Geschichten und Lieder rund um den Lernort Bauernhof
ISBN (Buch) 978-3-86702-171-5
ISBN (CD) 978-3-86702-172-2

Elfi Schuster, Oliver Jarau
Rühr dich – spür dich
Ein Feuerwerk von Bewegungsideen: praxiserprobt, unkonventionell, effektiv, mit schnell einsetzbaren Kleinmaterialien für Kinder von 2–6 Jahren
ISBN 978-3-86702-191-3

Monika Krumbach
Soziales Lernen mit Kindern
Spielerische Angebote zur Förderung von Gemeinschaft, Toleranz, Integration und persönlicher Entfaltung
ISBN 978-3-86702-138-8

Sybille Günther
Großes Einmaleins für kleine Zauberer und Hexen
Mit zauberhaften Spielen, Geschichten, Rezepten und Tricks die magische Welt der Zauberei und Hexerei erleben
ISBN 978-3-936286-38-0

Monika Krumbach
Das HABA-Kiga-Spielebuch
Neue Ideen und Varianten zu "Obstgarten" & Co. für die ganze Kiga-Gruppe
ISBN 978-3-86702-249-1

Jakobine Wierz
Kreativität fördern – Intelligenz entwickeln
Spiele und Übungen zur Förderung kognitiver, sozialer und emotionaler Intelligenz
ISBN 978-3-86702-113-5

www.oekotopia-verlag.de

Ökotopia im Internet:
Alle Bücher und CDs finden Sie in unserem Online-Webshop

Exklusiv nur bei Ökotopia:
Lese- und Hörproben, kostenlose Liedertext-Datenbank, Schnäppchen, Veranstaltungstermine, Informationen zu den Ökotopia-AutorInnen …

Fordern Sie unseren kostenlosen Magalog an:

Ökotopia Verlag

Hafenweg 26a · D-48155 Münster
Tel.: (02 51) 48 19 80 · Fax: 4 81 98 29
E-Mail: info@oekotopia-verlag.de

Bleiben Sie mit uns in Verbindung

Andrea Erkert
Inseln der Entspannung
Kinder kommen zur Ruhe mit 77 phantasievollen Entspannungsspielen

ISBN 978-3-931902-18-6

Sybille Günther
Snoezelen - Traumstunden für Kinder
Praxishandbuch zur Entspannung und Entfaltung der Sinne mit Anregungen zur Raumgestaltung, Phantasiereisen, Spielen und Materialhinweisen

ISBN (Buch) 978-3-931902-94-0
ISBN (CD) 978-3-936286-07-6

Ursula Salbert
Ganzheitliche Entspannungstechniken für Kinder
Bewegungs- u. Ruheübungen, Geschichten u. Wahrnehmungsspiele Yoga, Autog. Training u. d. Progr. Muskelentspannung

ISBN 978-3-936286-90-8

Sybille Günther
Schutzengel sind überall
Mit den himmlischen Helfern das ganze Jahr über spielen, basteln, tanzen, singen und erzählen

ISBN (Buch) 978-3-86702-186-9
ISBN (CD) 978-3-86702-187-6

Ursula Salbert
Ruhe-Inseln für ErzieherInnen
Stressbewältigung: Mehr Kraft, Gelassenheit und Wohlbefinden mit einfachen Bewegungs- und Entspannungsübungen für Menschen in erziehenden und lehrenden Berufen

ISBN (Buch) 978-3-86702-103-6
ISBN (CD) 978-3-86702-104-3

Ursula Salbert
Das Kinderyoga-Spielebuch
Mit Maus und Biene nach Indien: Spannende Abenteuergeschichten, fantasievolle Yoga-Übungen und 14 komplette Stundenbilder

ISBN 978-3-86702-174-6

Annegret Frank
Streicheln, Spüren, Selbstvertrauen
Massagen, Wahrnehmungs- und Interaktionsspiele und Atemübungen zur Förderung des Körperbewusstseins

ISBN (Buch) 978-3-936286-29-8
ISBN (CD) 978-3-936286-30-4

Elke Gulden, Bettina Scheer
Schaukelmaus & Kuschelkater
Lieder, Verse und kleine Spiele zum Fühlen und Berühren, Tasten, Schaukeln, Massieren und Schmusen für die Kleinsten

ISBN (Buch) 978-3-86702-168-5
ISBN (CD) 978-3-86702-169-2

Christel Langlotz, Bela Bingel
Kinder lieben Rituale
Kinder im Alltag mit Ritualen unterstützen und begleiten

ISBN 978-3-86702-042-8

Andrea Erkert
Sanfte Ruheerlebnisse für Krabbelkinder
Hilfreiche Angebote zum Entspannen, Kuscheln, Trösten und Träumen für die Kleinsten

ISBN (Buch) 978-3-86702-244-6
ISBN (CD) 978-3-86702-245-3

Beate van Dülmen
Klingen, spüren, schwingen
Fantasiereisen mit der Klangschale: kindgerechte Spiele, Körperübungen, Klangmassagen, Rituale und Lieder zur Stärkung von Selbstbewusstsein und Selbstvertrauen in Kiga & Grundschule

ISBN (Buch) 978-3-86702-192-0
ISBN (CD) 978-3-86702-193-7

Andrea Erkert
Kinderleichte Ruheerlebnisse
Mit Ruhespielen, Fantasiereisen, Mandalas und Streichelmassagen entspannen und innere Stille finden

ISBN (Buch) 978-3-86702-082-4
ISBN (CD) 978-3-86702-083-1

Impressum und Trackliste der Begleit-CD

Gesang: Alishia Funken, Kim Friehs
Gitarren, Mandoline: Reinold Alexander
Bass: Tom Bär
Perkussion, Schlagzeug: Ralf Kiwit
Piano, Akkordeon, Glockenspiel, Xylophon: Ralf Kiwit
Text und Musik: Margrit Dietze und Ralf Kiwit
Aufgenommen, gemischt und gemastert von Ralf Kiwit im subtone Studio Dortmund
www.subtone.de

1. Hallo, guten Morgen 01:08:65
2. Halli, Hallo 00:57:30
3. Wir sitzen hier zusammen 00:34:66
4. Der Tisch ist gedeckt 00:31:71
5. Leckres Essen, das macht alle froh 00:37:40
6. Schlafe, schlafe 00:53:47
7. Auch die Tiere schlafen 01:00:25
8. Auf Wiedersehen 00:46:38
9. Das Spielen ist zu Ende 00:33:66
10. Pitsch und Patsch 00:52:42
11. Händewasch-Lied 01:07:27
12. Jetzt zieht die Luise ihre … an . . . 00:41:52
13. So geht das Anziehen 01:30:05
14. Wir sind eine Super-Truppe 00:36:10
15. Was wir zusammen können 00:30:38
16. Alle Kinder räumen auf 00:34:10
17. Aufräumen ist gar nicht schwer . . 00:40:64
18. Eine lange Schlange 00:23:50
19. Weil du heut Geburtstag hast . . . 00:27:13
20. Gemeinsam feiern heute wir 00:42:71
21. Warum wir heute feiern 00:42:38
22. Papagei-Lied 00:35:47
23. Füße-Lied 01:16:17
24. Hurra, hurra, der Frühling ist nun da 00:54:44
25. Ja, der Sommer 02:38:25
26. Der Sommer ist da 00:59:30
27. Der Herbst kommt an 01:07:11
28. Winterlied 00:43:70
29. Wie ist das Wetter heute 02:45:69
30. Danke, lieber Sonnenschein 00:25:50
31. Regenlied 00:28:01
32. Der Wind 00:34:12
33. Schneelied 00:30:10
34. Osterlied 01:26:52
35. Der bunte Osterhase 03:02:17
36. Seht mal meine schöne Laterne . . 00:30:59
37. Laternenfest 01:04:46
38. Eine Kerze brennt 02:08:10
39. Lieber, guter Nikolaus 00:40:40
40. Weihnachtslichterglanz 00:57:70
41. Hurra, hurra, Weihnachten ist bald da 00:39:18